K-상식과 민심의 용틀임

윤석열의 힘

K-상식과 민심의 용틀임

윤석열의 힘

초판 1쇄 발행 2022년 2월 18일

지 은 이   서정희
해   설   강학순
발 행 인   오풍연 닷컴
출판등록   제315-2013-0000001호
주   소   서울특별시 영등포구 국회대로 552
전   화   0505-613-6133
팩   스   0303-0799-1560
홈페이지   www.ohpoongy.com
이 메 일   ohpoongy@naver.com

값 16,000원

ISBN 979-11-5602-971-7   (03340)

K-상식과 민심의 용틀임

윤석열의 힘

서정희 지음 | 강학순 해설

오풍연닷컴

목차

PART 1

시간의 파노라마

01

허람과 두마

"나는 상식적으로 살았는가?"

"살다 보면 이런 질문을 할 때도 있구나!"

경자년인 2020년을 맞아 허람은 혼잣말을 했다. 몇 년 전 허람은 『상식의 강물』이라는 제목으로 책 한 권 분량의 원고를 쓴 적이 있었다. 그런데 출간을 하지 못했다. 원고를 읽은 두마가 평범한 상식을 어렵게 썼다고 평한 것이다.

두마는 허람이 40대 초반에 사귄 친구였다. 허람이 광고회사 두 곳과 조사회사 두 곳을 다닌 후 박사과정에 들어가 코스를 마칠 무렵이었다. 프리랜서로 활동하던 허람은 두마의 회사가 수주한 프로젝트를 자문하면서 그와 교분을 텄다.

"마케팅을 10년 넘게 했지만 말 상대가 없어서 외로웠는데 이제 대화를 나누게 되어 다행입니다."

두마는 그렇게 허람을 반겼는데, 두 사람은 나이가 같아서 금방 친하게 되었다. 두마는 충청도의 작은 도시 출신이라고 했다. 고등학교를 졸업한 후에 처음 서울 구경을 한 촌놈이라고 밝힌 것이다. 허람은 서울과 안양에서 유소년 시절을 보내고 중·고등학교를 경남 진주에서 다녔다고 자기소개를 했다. 그러자 두마는 뜻밖의 말을 했다.

"적어도 '개천의 용'은 아니군요?"

허람은 '개천의 용'이란 단어를 듣는 순간 그 어감에 모호한 비애가 배어있음을 느꼈다. 그 비애감은 개천 출신이지만 용이 되지 못한 사람의 안타까움 같은 거였다. 세월이 지나 허람이 박사학위를 받자 둘은 마케팅 컨설팅 사무소를 열었다. 허람은 두마와 같이 지내면서 소년 시절로 돌아가는 기분이었다. 두마가 허람처럼 호기심이 왕성한 소년 같았기 때문이었다.

두마는 취미가 '스키 타기'라고 했다. 촌놈이 스키를? 놀라는 표정을 짓자 두마는 어느 여름날 TV에서 스키 타는 장면을 보고 호기심이 발동했다고 했다. "어떻게 사람이 높은 산에서 미끄럼타듯이 내려올 수 있을까?" 그런 의문을 품은 두마는 서점으로 달려가 『스키입문』이란 책을 사서 탐독했다고 한다. 더운 여름날 선풍기 바람을 쐬며 스키 동작을 따라 활강하는 상상을 하면서….

두마는 미술대학에 가려고 했다가 아버지의 반대로 꿈을 이루지 못한 과거가 있었다. 미대를 가고 싶다고 했을 때 아버지가 '족보에서 이름을 지우고 가거라!'고 했기 때문이었다. 충청도 시골 마을에서 족보에서 이름을 지운다는 말이 무슨 뜻인지 아는 두마는 한마디 반항조차 할 수 없었다고 했다.

그 말을 듣는 순간 허람은 어머니로부터 꾸지람을 들었던 어린 시절이 생각났다. 중학생이 되어 미술반에 들고 싶다고 했을 때였다. 갑자기 어머니가 "그림을 그리면 굶어 죽는다는 말도 못 들어봤느냐?"고 고함을 치셨다. 그때 허람은 의문에 빠졌다. '어릴 때는 그림을 잘 그린다고 동네에 자랑하시던 분인데 왜 그러실까?' 시간이 좀 지나 그 이유를 알 것 같았다. 당시 어머니는 혼자서 가족의 생계를 떠맡으셨는데 허람이 미술반에 들면 학비와 별도로 들여야 할 그림물감 비용을 버겁다고 느끼신 것이다.

"아! 나는 앞으로 영영 그림을 그릴 수 없겠구나!"

그림을 포기해야만 했던 허람은 학비를 감면받는 학교 도서위원이 되어 책에 빠져들게 되면서 글 속에도 풍경이 있다는 것을 알았다. 그러면서 작가가 되는 꿈을 품게 되었다. 하지만 그는 문학을 전공하지 않고 대학에서 심리학을 공부했다. 대학을 졸업한 후 허람은 광고회사에 들어가 조사 업무를 했는데 그 일이 곧 주목을 받게 되었다. 1980년대부터 우리나라가 소비사회로 진입했기 때문이었다. 그러다 보니 36살에 신설조사회사의 창업 이사가 되었고 50명이 넘는 직원들의 생계를 떠맡는 경영자가 되어 긴장의 날들을 보냈다. 허람이 두마를 처음 만난 때는 회사를 그만두고 박사과정을 다니며 쉬엄쉬엄 살던 때였다.

"상식에 대한 글을 같이 써봅시다."

이런 메일을 받았을 때 두마는 몇 년 전 읽었던 허람의 상식 원고가 떠올랐다. 그 원고는 허람이 분노를 다스리지 못하고 세상을 비난하는 뉘앙스가 풍겼다. 세월이 흐른 만큼 이번 원고는 자연스럽게 펼쳐질 것 같은 예감이 들었지만 궁금한 것을 묻지 않을 수 없었다.

"상식에 관한 글을 왜, 어떻게 쓸려고 해요?"

잠시 후 허람은 답장의 메일을 보냈다.

"우리는 이성과 광기의 경계선 위를 달리며 살고 있어요. 전쟁 영화 씬레드처럼. 내가 상식에 관한 글을 쓰려는 것은 '사람답게 사는 길'을 찾기 위함이에요. 그 방법으로 '생각의 회로를 성찰하는 대안'을 보여주고 싶어요."

그러자 두마는 허람이 쓰려는 글과 유사한 책을 소개해 보라고 했다. 그때 허람은 두 권의 책을 소개했다. 김지수의 인터뷰 집『자기 인생의 철학자들』, 서머싯 모옴이 쓴 소설『면도날』이었다.

"이번 글은 무언가 다를 것 같은데?"

4년 전 두마는 허람의 어머니 문상을 했을 때 변신 예감을 받았다. 그때 허람은 자기 인생을 요약하는 말을 했었다.

"내 인생은 개사치전이었소. 개사치는 매듭을 지은 셈인데 전은 매듭짓지 못하고 있소."

그 말이 무슨 뜻이냐고 묻자 허람은 이렇게 말했다.

"나는 남이 잘 모르는 마케팅의 길을 걸었소. 개척자의 길이었소. 그리고 젊은 나이에 사업을 했소. 36살에 창업

이사가 되었고 40대 초반에 개인 사무소를 열었소. 그 두 개가 개사요."

"치는 무슨 뜻이오?"

"치매 간병 경험이오. 고부갈등으로 시달리다가 졸혼을 하고 11년간 어머니와 둘이서 살았소. 그중에 반인 약 6년은 어머니 치매를 간병했지요. 돌이켜보면 치매 간병은 인생을 다시 배우는 공부였소. 어머니는 나에게 개척과 사업보다 더 많은 공부를 시켜 주고 가셨다오."

"아직 매듭을 짓지 못한 전은 무엇이오?"

"두마도 알다시피 나는 전망을 하면서 살았소. 이제 나는 시대를 전망하고 싶소. 그게 내가 해야 할 숙제가 아닌가 싶소."

두마는 허람이 말한 앞의 두 글자인 개사를 충분히 알고 있었다. 그와 함께 사무실을 같이 운영했으니 자신의 인생도 개사 동반 인생이라고 부를 만했다. 치매 간병은 허람만이 경험한 남다른 시련이었다. 아마도 그는 시간을 거스르는 치매를 경험하면서 미래 전망을 새롭게 구상한 것 같았다.

그리고 보니 허람을 만나 처음 한 일도 H경제신문의 미래 전망이었음이 떠올랐다. 그때 그가 전망한 미래는 앞으로의 시대는 돈뿐만 아니라 놀이와 건강에도 관심이 늘어나는 사회였다. 프로젝트를 마치고 둘이서 가진 술자리에서 두마는 허람에게 물은 적이 있었다.

"신기하지 않나요? 1970년대 초반에 지방 사람들은 대학이라면 법대나 상대를 연상했는데 허람은 왜 낯선 심리학에 관심을 가졌나요?"

그때 허람은 두마의 생글거리는 눈동자를 보았다. 그 눈동자의 마술에 걸렸기 때문일까? 잠시 생각에 빠졌던 허람은 어린 시절의 추억을 꺼냈다.

"어린 시절에 아버지는 건설업을 하셨지요. 그때는 그 일을 청부업이라고 불렀어요. 집에 트럭도 있었고 일꾼들도 여럿 있었어요. 그런데 비가 오는 날이면 다들 골방에 모여 술을 마시며 죽치고 지냈어요. 그럴 때 내가 빈 주전자를 들고 막걸리 심부름을 자주 했어요. 막걸리가 가득 든 주전자를 들고 일꾼들의 방에 가까이 가면 늘 듣는 말들이 있었어요."

"무슨 말이었지요?"

"신세타령이었지요. '내가 고등학교만 나왔어도 이렇게

살지 않았을 텐데'라는 말이었어요. 신기했어요. 전에 있던 아저씨도 그런 말을 했는데, 왜 어른들은 똑같은 말을 하면서 살지? 그런 의문이 내가 크면 무슨 핑계를 대면서 살지 않겠다는 결심으로 이어진 것 같아요."

"조숙하셨네요."

"호기심에서 비롯된 관심이었어요. 그 시절에는 '조선놈은 패야 말을 듣는다'거나 '엽전이 무슨 도리가 있나?' 등의 자기 비하의 말이 흔했지요. 군대 시절 부사관들이 '깡통이 다 그렇지!'라는 말도 자주 했어요. 부사관 계급장은 깡통으로 만든 것이니 주눅이 들어 살아야 한다는 것이지요. 그런 말들이 나로 하여금 심리학이란 길을 걷게 한 것 같아요."

"어쨌거나 작은 의문으로 진로를 정한 것이 신기해요."

"고등학생 때 학예부장을 했어요. 그때 교장 선생님의 교육 철학은 '화장실에 낙서가 없는 학교 만들기'라는 것을 들었습니다. 누가 낙서를 해놓으면 바로 페퍼로 문질러 지워버리고 페인트 색을 새롭게 칠했지요. 나중에 중앙고등학교에 들른 적이 있는데 화장실이 더러웠어요. 박정희 대통령 아들이 다니는 고등학교 같지 않았지요. 그걸 보자 배석현 교장 선생님의 교육 철학이 생각납니다."

"배 교장님의 교육 철학은 무엇이었습니까?"

"나중에 대학에 들어가 알게 되었는데 그건 바로 심리학에서 말하는 행동주의였습니다. 누군가 낙서를 해서 한 번 더럽혀지면 계속 더러운 환경이 된다. 낙서를 하지 마라! 는 말을 하지 말고 낙서 자체를 하고 싶은 마음이 생기지 않도록 청결한 환경을 먼저 제공하라! 그래야 계속 청결해진다는 이론이지요."

"그래도 그렇지 직업 전망 없이 심리학을 택하기가 쉽지 않았을 텐데요."

"원서를 쓸 무렵 고향 친척 형에게서 출세에 대해 들은 적이 있어요. 그 말이 용기를 주었어요."

"출세를 뭐라고 합디까?"

"학교에서 배운 것 반만 써먹어도 큰 출세를 하는 거라고 합디다."

"그렇네요. 내가 경영학과를 나왔는데 배운 것의 10%도 써먹지 못하는 것 같아요. 심리학을 배워보니 써먹을 것이 많던가요?"

"세월이 갈수록 점점 많아졌지요."

"사람에 대한 관심이 늘어났다는 건가요?"

"맞아요. 제가 대학에 원서를 쓸 때 심리학과 소개 내용이 '인간의 행동을 창조하는 공부를 하는 과'였습니다. 저는 아직도 그 문장에 흥분을 느끼면서 살고 있어요. 지금 행동이 최선이 아니다. 더 좋은 행동을 찾아보자. 그런 생각을 하면서 살지요."

어쩌면 허람은 이번에 야심작을 만들지도 몰라. 옛 추억을 떠올리던 두마는 마침내 그런 결론을 내렸다. 그가 말한 시대 전망은 새롭게 나타나는 행동들의 의미를 분석하려는 것 같았다. 그것이 허람에게 기쁨을 주는 일이겠지. 그런 생각이 들자 매일 조금씩 읽기로 한 우나무노의 소설 『안개』 가운데 인상 깊었던 구절을 떠올렸다.

인간은 사건들 속에서, 운명의 변천 속에서 자신의 천성적 슬픔 또는 기쁨의 자양분을 찾는다. 같은 일을 두고 우리는 선천적 기질에 따라 슬프기도 하고 기쁘기도 한 것이다.

02

조코비치 선거

2020년 4월 16일 21대 총선이 끝난 다음 날이었다. 시골에서 휴양하는 두마가 상경하자 허람은 흑석동 〈고봉 삼계탕〉 집에서 점심을 같이 먹고 난 후 동네 찻집 〈출국〉으로 안내했다. 〈출국〉에 들어선 두마는 아무 장식도 없고 시멘트벽이 그대로 노출된 모습에 눈을 휘둥그레 뜨고는 한마디 했다.

"옛날 교실과 음악 감상실을 합친 분위기네요."

그러자 허람이 말했다.

"출국을 기다리는 대합실 같지 않아요?"

커피를 주문하고 나자 두마는 버스를 타고 오면서 보았다는 J일보 선데이 카툰을 내밀었다. 제목은 〈새옹지마〉

였는데 만화는 위, 아래 두 칸으로 되어 있었다. 위 칸은 더불어민주당이 꽃밭을 달리는 그림이고 아래 칸은 통합미래당이 가시밭길 앞에서 멈춰선 그림이었다. 신기한 것은 위 칸은 꽃밭 속에 가시 망이 있고 아래 칸은 가시 망 속에 꽃들이 있었다. 그것을 보고 허람이 말했다.

"재미있네요. 더불어민주당은 영광 속의 시련이 있고 통합미래당은 시련 가운데 영광이 있을 것임을 보여주었네요."

두마는 허람의 촌평에 수긍했다.

"그렇군요. 더불어민주당이 조국 때문에 수세에 몰렸는데 결과적으로 대역전을 했으니 새옹지마가 맞네요. 허람은 이번 선거를 어떻게 봐요?"

"이번 총선은 조코비치 선거였어요."

"그게 무슨 말이지요?"

"조국, 코로나19, 비양당파, 치졸한 야당을 줄여서 조코비치라고 한 거예요. 이번 선거는 비양당파들의 반 이상이 여당 손을 들어준 선거지요. 문 대통령이 운이 좋은 사람이네요."

"운 좋은 사람은 아무도 못 말린다는 말이 생각납니다. 프로이센의 정치가 비스마르크가 '신은 바보들과 주정뱅

이들, 그리고 미국에게 특별한 섭리를 베푸신다.'고 말한 것이 생각납니다. 미국이 운 좋은 나라라는 얘기는 알래스카를 헐값에 샀기 때문이지요. 이번에 더불어민주당은 조국 사태를 빠져나가려고 하다가 엉뚱하게 코로나19 사태로 행운을 얻었으니 비스마르크가 살아 있다면 바보, 주정뱅이, 미국 다음으로 문재인 대통령을 운 좋은 사람으로 거론했을 것 같네요. 코로나 비상시국에 중도파가 여당의 손을 들어주었으니까요."

"중도파는 부동층이라고 하지요. 부동층은 움직이는 않는 부동(不動)층도 있고 이곳저곳을 기웃거리면서 물에 떠 있는 부동(浮動)층도 포함돼요. 선거 예측을 해야 하는 조사자들은 부동층의 성격을 파악해야 하는데 그러자면 투표율도 고려해야 하고 유권자들의 성향도 알아야 해요. '당신이 지지하는 후보'도 묻고 '이번 선거에 누가 당선될 것 같으냐?'는 질문을 하면서 그 둘 사이의 차이를 추적하기도 하지요. 이번에도 부동층이 당락을 좌우했어요."

"결국 선거는 중도파가 열쇠를 쥐고 있네요."

"나는 그들을 비양당파라고 부르고 싶어요. 이 당, 저 당 찍을 사람이 없다는 사람들이지요. 그들은 진보와 보수라는 말을 싫어하는 자기 개성파들이에요. 미국에서는 그런

PART 1 시간의 파노라마

사람들을 '문화창조자'라고 하고요, 유럽에서는 그들을 '제3의 길'을 걷는 사람이라고 하지요. 우리나라에 그런 사람들이 대략 15~20% 됩니다. 그들이 선거 막판에 여당을 찍은 이유는 여당이 잘해서가 아니라 야당이 대안 없이 똑같은 말만 계속했기 때문이지요. 통합미래당은 선거전략이 부실했고 선거 운용도 치졸했어요."

"더불어민주당 사람들은 궁지에 몰릴 때마다 큰 위안을 얻는 생각이 있대요."

"그게 무슨 생각이지요?"

"우리와 싸울 상대는 과거 새누리당 했던 사람들이잖아! 라는 생각이래요. 박근혜 대통령 탄핵에 앞장서며 좌충우돌했던 사람들과 싸우니 더불어민주당 사람들은 통합미래당 사람들과 붙으면 얼마든지 이길 수 있다는 자신감이 충전된답디다. 어쨌거나 이번 총선을 조코비치로 부르니 쉽게 이해되어 좋네요. 그런데 '제3의 길'이 추구하는 정치는 어떤 정치지요?"

"영국의 사회학자 앤서니 기든스가 '제3의 길'을 주창했지요. 그가 1991년에 쓰고 국내에서 1995년에 번역된『현대성과 자아정체성: 후기 현대의 자아와 사회』이란 책을 보면 생활 정치 얘기가 나와요. 기든스는 생활 정치를 말하면서 일상생활에서 개인이 어떻게 자신을 형성하는지, 특히 정신적인 면이나 육체적인 면에서 어떻게 라이프스타일을 구축해야 하는지에 관심을 가지자고 했지요."

"쉽게 말하면 정치를 권력 싸움으로만 볼 것이 아니라 일상문제를 푸는 길로 보자는 거네요."

"맞아요. 2009년 10월 31일 내일신문은 창간 16주년을 맞아 생활정치연구소와 더불어 〈이제는 생활 정치다〉를 기획했어요."

"그 배경이 무엇이지요?"

"1955년 창당 이후 54년 만에 일본 자민당의 일당 지배 체제가 종식되자 일본 민주당은 '국민 생활이 제일'이라는 생활 공약을 내걸었어요. 이런 배경이 작용했을 겁니다."

"그런데 우리는 왜 생활 정치를 열지 못했나요?"

"우리나라에서 생활 정치가 거론된 배경 중에 하나로 2008년 이명박 정부의 쇠고기 수입 반대 촛불집회를 들 수 있어요. '배급 주는 것도 아니니 안 사 먹으면 되지 반대를 왜 하느냐?'는 대통령 말씀에 '어린이 급식 등 강제로 먹을 수밖에 없는 현실을 모르느냐?'는 반발이 촛불 시위로 이어진 것이오. 당시 김효석 민주당 의원은 '국민의 먹고사는 문제를 해결하지 않으면 지지를 받을 수 없는 게 현실'이라고 말했어요. 이는 국민이 정치무대 위에 생활문제를 얹는 것이 상식이 되었다는 말이지요. 그 후 이명박 정부가 토목 국가 모델로 4대강 사업을 펼쳤을 때 생태환경을 무시했다고 비판했는데 이 역시 생활 정치 등장이라고 볼 수 있습니다."

"그렇지만 생활 정치가 활성화되지 못했잖아요?"

"그랬지요. 그래서 이명박근혜 정부가 욕을 먹었잖아요."

"생활 정치는 어떻게 준비해야 할까요?"

"2018년 11월 3일 자 경향신문 토요기획 기사는 생활 정치의 어려움을 보여 주었어요. 기사 제목은 〈멀리 보기〉였는데, 〈멀리 보기〉는 송현숙 선임기자가 전담하는 코너 기사였지요. 〈멀리 보기〉의 기사는 서울 금천구의 청소년 의회를 취재한 거였어요. 그날 기사의 제목은 '너희도 커봐라, 그런다고 나라 안 바뀐다'였지요. 그 기사 제목 중에서 눈에 확 들어온 것은 '어른들 그런 말 안 했으면'이었어요. 기사는 청소년들이 지방 정치를 배우면서 실습한 경험을 담고 있었는데 그런 경험을 하면서 어른들에게 받은 냉소를 소개했지요. 어른들은 자기 권위를 보이려고 '그런다고 세상 안 바뀐다'고 했지만 정작 그런 말은 어른의 권위가 실패와 비겁과 위선임을 기사는 밝혔습니다."

"서유럽과 일본에서 이미 생활 정치가 출현하였다는 사실은 무엇을 의미하나요?"

"그들은 당시 영국 사회학자 앤서니 기든스가 말한 '고삐 풀린 성장'이 자신들의 일상은 물론 공동체를 위협하고 있다는 사실을 깨달은 겁니다. 우리는 어떻게 지구 온난화에 대응하는가? 우리는 원자력을 받아들여야 하는가, 말아야 하는가? 우리는 권력의 지방 이양을 찬성해야 하는가? 유럽연합의 장래는 어떠해야 하는가? 기든스는 이런 문제들에 대해 그 어느 것도 좌파나 우파의 쟁점이 아니라고 했지요. 그것들 모두가 일반 시민의 쟁점이라고 본 것입니다. 그래서 기든스는 좌파가 해방의 정치를 말할 때 생활 정치를 인정하고 추가시켜야 한다고 말했어요."

"이번 총선에서 야당이 참패한 이유를 생활 정치를 펼치지 못했기 때문으로 이해할 수 있겠네요."

"아마도 올 한 해 생활정치를 외면하는 형국이 될 것 같아요."

03

별명 군자들과 내로남불

2020년 경자년은 추미애 법무장관의 아들 스캔들로 시끄러운 한 해였다. 특히 9월 한 달은 추미애 아들이 군 복무 중에 받은 특혜 논란으로 시끄럽기 짝이 없었다. 휴가 미복귀 무마 의혹, 보좌관 대리 청탁 의혹, 평창 올림픽 통역병 파견 청탁 의혹, 자대 배치 변경 청탁 의혹 등이었다. 그 와중에 민주당 박성준 원내대변인은 9월 16일 서면 브리핑에서 추 장관 아들이 안중근 의사의 말을 몸소 실천한 것이라고 밝혔다. 그야말로 '깜놀'이었다. 이를 계기로 사람들은 한때 추다르크로 부른 사람을 추애미란 비속어로 불렀다.

박능후 보사부 장관 역시 '깜놀'을 하게 만들었다. 박 장관은 2020년 2월 26일에 열린 국회 법제사법위원회 전체 회의에서 "코로나19 감염증 확산의 가장 큰 원인이 중국에서 들어온 한국인이었다"라고 발언했다. 그는 또 공공의대 설립을 일방적으로 밀어붙이려다 저항에 부딪혔고 의대생들이 국시를 거부할 때도 으름장을 놓다가 흐지부지되었다.

박능후는 장관의 장남은 아버지가 장관 임용 직전까지 아버지의 국민건강보험 피부양자로 등재돼 있었다. 박 후보자의 장남은 2015년 2월부터는 미국에서 박사후과정 연구원으로 일하면서 국외소득이 발생했고, 2016년 9월 벤처기업 창업 후 10월부터는 소득이 발생하였기 때문에 그 기간에 행해진 건강보험비 무임승차가 논란이 되었다. 그런 그도 장관을 물러나면서 무능후라는 별명을 얻었다.

김현미 국토교통부 장관은 11월 30일 국회 국토교통위원회 전체회의에서 아파트를 '빵'에 비유하며 "밤을 새워서라도 만들겠다"고 했다. 그래서 장관을 '빵트와네트'라고 부르기도 했고 '현미가 쌀이라면' 말을 들어야 했다. 그렇게 경자년은 갖은 별명들이 난무하는 세상이었다. 그런 심정은 요즘 젊은이들이 말하는 '피꺼솟'이었다. 피가 거꾸로 솟는 기분이었기 때문이다.

　2020년이 끝나고 2021년 신축년을 맞은 허람은 서울신문에서 익숙한 얼굴을 보았다. 신문은 김우창 명예교수와 나눈 인터뷰를 싣고 있었다. 인터뷰는 교수신문이 2020년을 아시타비(我是他非)로 정의한 이야기로 시작되었다. 아시타비는 나는 옳고 남은 틀리다는 말이었다.

　그렇다면 2위와 3위와 4위는 무엇이었을까? 인터넷에 들어가 찾아보니 낯이 두꺼워 부끄러움을 모르는 뻔뻔함을 뜻하는 후안무치(厚顔無恥), 신발을 신고 가려운 곳을 긁는다는 격화소양(隔靴搔癢), 답답한 현실을 지칭하는 첩첩산중(疊疊山中)이 뒤를 이었다. 다수결의 원칙에 따라 아시타비가 1위로 선정되었지만 허람은 2020년의 세상을 첩첩산중(疊疊山中)을 꼽고 싶었다. 갈수록 태산이었기 때문이다.

　2021년 4월 7일 서울과 부산의 재보궐 선거가 있었다. 치르지 않아도 될 선거가 서울과 부산 두 시장의 불미스러운 행동 때문에 치르게 된 것이다. 선거 전망을 묻는 두마에게 허람은 간단한 메시지를 날렸다. "불장난 때문에 치러지는 선거. 불장난 때문에 세간살이가 거덜 날 선거. 그

불은 내로남불."

　미국의 뉴욕타임스(NYT)는 이번 선거 참패로 문재인 대
통령이 정치적 위기에 빠졌다고 했다. NYT는 "한국에서
가장 큰 두 도시의 유권자들이 안 그래도 어려움에 직면한
문재인 대통령에게 또 다른 '치명적인 일격'을 가했다"고
했다. 또한 NYT는 "시민들은 치솟는 주택가격 안정화에
계속 실패한 문 대통령의 정책에 분노했고, 한국토지주택
공사(LH) 사태가 선거전을 지배했다"고 했다.

　NYT는 문 대통령의 최측근 참모 중 한 사람인 조국 전
법무부 장관 딸의 입시 비리 의혹 등을 언급하며 "이런 의
혹들이 문 대통령의 대선 공약이었던 '특권 없는 세상'과
배치된 것이고 유권자들은 이를 위선적이라고 느꼈다"고
분석했다.

　여기까지는 평이한 보도였다. 이 기사 다음으로 한 말이
주목을 받았는데 그것은 바로 내로남불이었다.

　NYT는 한국 유권자들이 문 대통령의 측근들의 행태에
대해 느끼는 반감을 '내로남불(Naeronambul)'이란 유행어로
소개했다. "내가 하면 로맨스이고, 다른 사람이 하면 불
륜"이란 말인데 이를 "If they do it, it's a romance; if

others do it, they call it an extramarital affair."라고 썼다.

　선거를 마치고 며칠이 지나자 충주에 사는 두마는 허람에게 문자를 보냈다.
　"NYT 한국 특파원에게 내로남불이란 단어를 알려줬나요?"
　그런 제목과 함께 이번 선거 결과에 대한 느낌도 보냈다.
　"여당 정치인들이 부끄러움이 무엇인지 깨닫는 기회가 되었으면 좋겠습니다. 이번 선거가 묵은 분노를 일부나마 식혀주었네요. 이제야 비로소 민심이 살아 있음을 실감할 수 있어서 좋았습니다."

04

노름꾼과 따라지

2021년 6월 6일 허람은 서울 현충원에 함께 참배하자는 전화를 받았다. 전화를 준 사람은 원푸리였다. 원푸리는 허람이 어머니 치매 간병으로 시달릴 때 위로를 해준 대학 동기였다.

허람은 대학 후배가 치매 연구에 관한 책을 번역한 적이 있어서 읽어보았다. 거기에는 치매 증상이 40개 넘어 소개되어 있었다. 설마 사람이 이렇게 변하랴? 싶었다. 그런데 어머니는 40여 개의 증상 중 반 이상의 증상을 재현하셨다. 앞이 캄캄해졌고 동시에 한 생명의 길고 긴 하강 길을 함께 갈 생각을 하니 무서웠다.

모든 불행은 어떤 예고의 징후로부터 시작된다. 자유롭게 사는 것을 자랑인 양 여겼던 허람은 어머니가 치매 증상을 보이기 5년 전에 아내와 졸혼을 했다. 그 이유는 고부갈등 때문이었다. 허람은 더는 어머니와 같이 살 수 없다는 아내의 말을 존중하여 경기도 군포시 대야미동에 어머니와 둘이 살 수 있는 전셋집을 얻었고 모자가 조용한 전원생활을 시작했다. 돌이켜 보면 대야미동으로 이사 간 것은 어머니의 치매를 맞는 예고편이었다. 그 무렵 두마는 아버지 병환 때문에 일주일에 3일은 병상을 지켜야 했다. 그래서 함께 운영하던 사무실의 문을 닫았다.

대화 친구 두마가 귀향하자 허람을 찾아준 친구가 원푸리였다. 그는 젊은 시절 컴퓨터 업계에 종사했었다. 1980년대에 인공지능의 시대를 예감하고 미국에도 다녀왔고 각종 세미나에 참석한 이력이 있었다. 그러나 사업이 여의치 않아서 허람을 다시 찾게 되었을 때는 '라보'라는 작은 화물차로 자가용 택배 사업을 하고 있었다. 배달을 시키고 싶은 사람이 중앙 본부에 주문을 하면 본부에서 핸드폰으로 기사들에게 문자 연락을 한다. 그러면 가까운 위치에 있는 자가용 라보 소유자가 물건을 받아 원하는 장소로 전달한다.

원푸리는 택배 사업을 하면서 죽음에 대한 공부를 했고

장례 지도사가 되어 성당 신우들의 장례를 도와주는 봉사
도 했다. 그런 그는 허람을 만나면 인간의 영성 회복과 자
유 실현을 강조하곤 했다. 그래서 허람은 그를 원래의 이
름 대신에 아예 원푸리로 불렀다. 원푸리는 원트(want) 푸
리(free)를 줄여서 부르는 이름이었다. 게다가 그는 원씨 성
을 가진 사람이라 원푸리란 이름은 그의 라이프스타일과
잘 어울렸다. 원푸리는 허람의 어머니가 돌아가시자 장례
를 맡아서 처리해 주었고 대야미에서 서울 흑석동 아내 집
으로 철수할 때 이삿짐도 실어주었다. 그런 그가 어느 날
낯선 질문을 했다.

"허람에게 지난 인생은 뭐였어?"
허람은 1초의 망설임도 없이 말했다.
"노름이었지. 영어로 갬블링."
그 대답을 듣자 원푸리는 다시 물었다.
"갬블링도 여러 가지가 있잖아?"
그러자 이번에도 허람은 간단명료한 대답을 했다.
"이렇게 술자리에서 대화하는 것도 갬블링이야."
"허람은 사람들의 만남을 갬블링으로 보나?"
"그런 셈이야."

"따는 경우가 많아?"

"대개 따는 편이야."

"비결이 궁금해."

"나 아닌 모든 사람에게 배울 것이 있잖아. 나보다 나이가 많은 사람은 배울 것이 더 많고."

"그래도 사람 사이에는 인연과 공통분모가 있어야 하잖아?"

"어울리지 않을 것 같은 조합 가운데 색다른 조화를 발견하는 기쁨도 있어. 부딪쳤을 때 반짝이는 불꽃 같은 것이지."

"그래도 그렇지. 그런 경우가 아주 드물잖아?"

"그러니까 갬블링이지."

"사람과의 만남을 놀음처럼 즐긴단 말야?"

"고스톱을 한번 생각해 봐! 누구나 자기 손에 광을 두, 세 장 잡고 시작하고 싶지. 그러나 대개 피를 쥐고 출발하잖아. 나는 광과 피 사이의 드라마를 인간관계로 봐. 정확하게 말하면 비광과 쌍피의 드라마야. 비광에 쌍피 하나만 쥐고 있어도 최소 피박과 광박을 면하잖아. 수비벽이 생기니까. 그러면 전진 구도를 쉽게 펼칠 수 있어."

"그래서 대체로 딴다는 거군요?"

"따기보다 사람들을 만날 때 장기적으로 적금을 넣는다고 생각해. 육사 인생을 사는 거야."

"육사 인생은 뭐야?"

"감사, 인사, 봉사가 기본 삼사야. 거기에 밥 사, 술 사, 책 사를 더하면 6사가 되지. 밥과 술은 기본이고 상대와 대화를 나눈 후 그 사람이 좋아할 만한 책을 사주는 것을 즐기면서 살았지."

"그렇다면 즐거운 노름꾼이네?"

원푸리는 역대 대통령들을 참배하는 것을 습관으로 삼고 있었다. 마침 흑석동에 사는 허람은 그와 함께 참배했다. 그러면서 원푸리의 말 습관인 '마리안대'를 떠올렸다. '마리안대'는 '말이 안 돼'라는 뜻인데, 그 말을 하고 나면 '무슨 답을 해봐!'라고 허람에게 대답을 요구했다. 참배를 마치고 나오는 길에 원푸리가 물었다.

"더불어민주당이 국회를 장악한 것이 말이 돼?"

그 순간 허람은 긴장했다. '말이 안 돼!'라고 말하면 곧이어서 무슨 답을 내놓아야 할지 몰랐기 때문이다. 그래서 미리 꼬리를 내렸다.

"말이 안 되지만 할 수 없잖아?"

"시원한 사이다 파는 곳 어디 없어?"

"사이다라면 편의점에 있잖아."

그러자 원푸리는 다른 말을 했다.

"편의점 사이다는 목만 시원하게 하지. 내가 원하는 것은 가슴까지 뚫어주는 사이다 어디 없냐는 말일세."

"원푸리 선생이 가슴 답답한 일이라도 생기셨나?"

그렇게 묻자 원푸리는 2012년대통령 후보토론에서 '눌변(訥辯)'이라는 비판을 받았던 문재인을 거론했다.

"그때 이재명 후보가 '사이다'라는 호평을 받자, 문 후보가 자신을 '고구마'라고 표현한 것 기억하는가?"

"그랬었지. 사이다는 빠르게 시원함을 주고 고구마는 느리지만 먹으면 속이 든든해진다고 반박했지."

"난 요새 고구마를 너무 많이 먹어서 그런지 속이 답답해서 미칠 지경이야."

"이번 총선에 불만이 많은 모양이지?"

"맞아! 문재인 정부는 원시인 정부야!"

"원시인? 그게 무슨 말이야?"

"원부터 말하지. 원칙 무시, 원전 무시야. 다수당의 출현을 위해 연동형 비례대표제를 만들어 놓고 스스로 뭉갰잖아? 원전 무시는 무리한 억지였고. 시장 무시, 인재 무시는 두말 할 필요도 없지.”

“의욕은 넘치는데 능력이 부족한 것은 확실한 것 같아.”

원푸리는 문 대통령을 블랙박스라고 표현했다. 그는 국민으로 하여금 당신의 심통이 무엇인지 궁금하게 했고 대통령의 고집통이 세거나 머리통이 먹통이라는 생각을 갖게 했다는 것이다. 그 결과 국민은 깡통으로 무시당하는 느낌을 받으면서 울화통을 터뜨리게 했다고 말했다. 원푸리는 또 문 대통령을 오색 대통령이라고 부르고 싶다고 했다. 옹색, 궁색, 구색, 생색을 넘어 나라를 병색이 짙게 만들었다는 것이다. 듣고만 있던 허람은 질문을 하지 않을 수 없었다.

“원푸리는 현 정부를 왜 그렇게 비난해?”

“우리 자식 세대를 생각하면 앞이 캄캄해서 그래. 우리가 살아보려고 얼마나 죽을 고생을 했어? 지금 여당은 경제 개발시대에 발목만 잡다가 이제 와서 독립운동했던 사람처럼 으스대는 것이 꼴 보기 싫어.”

“원푸리는 무슨 파야? 좌파야? 우파야?”

“허람 선생께서 아직도 그것을 모르고 계셨나?”

“몰라서 묻잖아?”

"나는 최인훈이 쓴 소설 제목처럼 〈회색인〉이야. 영화 〈국제시장〉봤지."

"봤어."

"그 영화의 3분의 2가 나와 같아. 정확하게 말하면 내 아버지가 그래. 아버지는 함흥 사람인데 6·25 전쟁 중에 흥남에서 배를 타고 내려와 거제에 도착하였고 베트남 전쟁 중에 전기 기술자로 월남에 가서 돈을 벌었어. 그때 아버지는 매달 봉급 350달러를 보냈지."

"지금의 환율로 치면 35만 원이 약간 넘네. 그때 한 달 하숙비를 1만 5천 원으로 치면 35만 원이면 23개월 치 하숙비가 되네. 지금 하숙비를 50만 원으로 치면 아버지 월급은 1,150만 원으로 요즘 시세로 연봉 1억이 넘어. 굉장한 돈이었구면."

"그때 보내준 돈을 모아 어머니는 동대문 시장에서 포목점을 열 수 있었어."

"스토리가 대단해."

"야! 그래봤자 삼팔따라지인데 별수 있겠어!"

살다 보면 신기한 경험을 할 때도 있다. 허람은 참 오랜만에 '따라지'란 말을 들은 것이다. 그 말을 원푸리로부터 다시 들으리라고 상상도 하지 못했었다. 국어대사전을 보면 삼팔따라지를 두 가지로 풀이해 놓았다. 하나는 노름판에서, 세 끗과 여덟 끗을 합하여 된 한 끗을 이르는 말이고 다른 하나는 3·8선 이북의 북한에서 월남한 사람을 일컫는 속어로 풀이하고 있다. 따라지는 원래 작은 잡고기라고 한다. 작은 물고기 따라지가 키가 작은 사람으로 의미 변화를 일으켜 따라지라면 볼 것이 없는 사람을 뜻했다. 38에 따라지란 이름이 붙은 것은 피난민으로 별 볼 것 없이 살아야 했던 자기비하의 의미가 있다.

따라지 심정을 아는 사람이 얼마나 될까? 허람은 군대 시절 행정보급관(인사계)으로부터 서울 사람들이 피난민들을 대했던 옛날 이야기를 들은 적이 있었다. 동네에서 싸움이 벌어졌는데 어떤 아이가 달려와 외쳤다고 했다.

"아저씨! 저기서 피난민들이 사람을 때려요."

그 말을 들은 아저씨가 "야! 이놈아 피난민은 사람이 아니냐?"고 되물었다고 했다.

원푸리가 38따라지란 말을 한 것은 옛 상처를 연상시킨 것이었다. 그런데 그 따라지란 말이 아무것도 아닌 상태에서 시작한 조코비치를 떠올리게 했다. 조코비치는 세르비

아의 테니스 선수인데 그는 2020년 2월 2일 호주오픈 테니스 대회에서 세트스코어 2대1로 핀치에 몰린 상황에서 도미닉 티엠과 5세트까지 가는 접전 끝에 역전 우승했다. 우승을 차지한 후 가진 인터뷰에서 그는 승리해야 하는 이유를 밝혔다.

"나는 1990년대(1991–1999) 세르비아에서 전쟁을 겪으며 자랐다. 수출, 수입 금지조치가 내려진 어려운 시기여서 빵과 우유, 물 등 생필품을 구하기 위해 줄을 서야 했다. 그런 일들이 나를 더 배고프게 만들었고 성공을 위해 강해져야 한다고 느끼게 했다. 내가 아무것도 아닌 것에서 시작한 사람이라는 사실은 동기부여가 되고 노력하는 계기가 된다."

05

남효, 세상을 풍자하다

생각은 사람이 만들어 내는 것이 아니라 손님과 같다고 말하는 사람도 있다. 그래서 생각이 막힐 때 가벼운 산보를 하며 먼 하늘을 바라보라고 권하기도 한다. 마음을 초기 상태로 리셋하라는 뜻이다.

허람은 그런 생각으로 집 근처 달마산을 걷고 있었다. 7월의 푸르름이 울창해졌다고 느낄 때 뜻밖의 전화를 받았다. 대학 동기인 남효였다. 그는 신문사 조사부에서 근무했고 은퇴 후 잡지를 만들기도 했다. 말하자면 편집의 달인이었다. 동시에 그는 세상일을 쉽고 편리한 언어로 바꾸어 말하는 은유의 달인이었다. 중대 병원에 들렀다가 생각이 나서 전화했다는 그에게 허람은 점심이나 같이 먹자고 했다.

남효는 분위기로 의사를 전달하는 재주가 있었다. 그는 허람의 처지에 어울리는 시를 적어 보내 감동시키기도 했다. 서정주가 쓴 「무등을 보며」였다.

가난이야 한낱 남루에 지나지 않는다
저 눈부신 햇빛 속에 갈매빛의 등성이를 드러내고 서
있는 여름 산 같은
우리들의 타고난 살결 타고난 마음씨까지야 다 가릴 수
있으랴

곧장 하산하여 오랜만에 만난 남효가 엉뚱한 말을 했다.
"옳은 말 싸가지없이 한다는 이야기 들어보았지?"
그렇다고 허람이 답하자 남효는 말문을 열었다.
"싸가지보다 무서운 것이 뭔지 아는가? 그게 모가지래. 싸가지도 먹고 살기 위해 하는 거지. 그런데 모가지보다 무서운 게 뭔지 아는가?"
무슨 엉뚱한 말을 하나 싶었던 허람은 목숨보다 무섭다면 '아예 너 죽고 나 살자고 덤비는 거 아닌가?'라고 되물었다. 그러자 남효가 대답했다.
"맞아! 뜻이 그와 비슷한 단어야."

"그게 뭔가?"

"모탕지라고 한다네"

"모탕지가 뭐야?"

"페라가모, 생태탕, 반바지라네."

남효는 재보궐 선거에서 서울시장 후보보다 더 많은 말을 하고 그만큼 주목을 받았던 김어준이 한 이야기를 뒷글자를 이어서 모탕지란 말을 신기하게 만들어 냈다. 남효는 광주 출신이다. 그렇지만 그는 더불어민주당을 상식 외면 당이라고 했다. 원칙이 아닌 반칙으로 더듬기만 한다는 의미였다. 그래서 허람은 남효에게 물었다.

"호남 사람으로서 반정부 표현하면 외롭지 않은가?"

그러자 그는 어색한 미소를 지으며 대답했다.

"고등학교 동창생 카톡방에서 나는 아예 왕따가 되어 부렀네."

그 말을 듣자 허람은 동병상련의 아픔을 느꼈다. 그도 동기생들로부터 친문이라는 오해를 받은 적이 있었기 때문이었다. 허람은 안타까운 마음으로 남효에게 물었다.

"아픈 마음을 무엇으로 달래나?"

남효는 건강관리 삼아 일주일에 한 번 이상 등산을 한다고 했다. "그래? 다행이야. 산 좋지!" 그렇게 대답한 허람은 남효에게 같이 오르자는 말을 했다.

"상식에 대한 글을 쓰다가 요즘 슬럼프에 빠져 있어. 산에 가기 하루 전날 내게도 문자 보내줘! 나도 기분 전환 삼아 산에 다닐게."

남효는 "그렇게 하겠다"고 하더니 또 엉뚱한 이야기를 꺼냈다.

"고이 안 박오라고 들어봤는가?"

"곱게 박지 않는다면 무슨 성폭행범 이야기 아닌가?"

그렇게 대답하자 남효는 싱긋이 웃으면서 '비슷해'라고 하더니 구체적인 뜻을 말했다.

"고은, 이윤택, 안희정, 박원순, 오거돈 이 다섯 사람의 공통점이 뭔가? 다 아랫도리에 문제가 있다는 얘기 아닌가?"

허람은 그 말을 듣고 웃지 않을 수 없었다. 그러자 남효는 다시 질문을 했다.

"고이안박오 다섯 단어를 네 단어로 줄이면 뭐가 되는가?"

"그야 하체 부실 아닌가?"

그러자 남효는 의외의 답을 했다.

"쌀값 안 줘? 라고 하더라."

"그게 무슨 말이야?"

"최근에 '고이 안박오'에 '이'가 첨가됐는데 그 '이'가 이 재명이래. 이재명에 이르고 나서야 뭐가 문제이고 그 문제의 답이 뭔지 알게 되었는데 그게 바로 '쌀값 안 줘'라네. 미모의 여배우가 알려준 답이라네."

"기가 막혀! 세글자로도 표현할 수 있겠네?"

"있지. 공짜 땡이야. 땡은 동그라미지. 그 안에 쌍 시옷이 들어가도 괜찮아."

"그럴 듯하네. 두 글자로도 표현 가능한가?"

"그럼 '와 봐'야. 권력을 무기로 사람을 당긴다는 뜻이야."

"권력을 잡기 전에 바라만 보던 욕망의 대상을 이제는 가까이 불러낸다는 의미가 있구면? 한 단어로도 가능한가?"

"퉁이라네. 퉁은 그냥 뭉개는 것 아닌가? 언제 줄지도 모르는 외상이란 뜻이지."

허람은 남효를 만나면서 상식에 대한 글을 가볍게 펼치기로 했다. 모탕지와 고이 안박오 이야기를 듣자 비로소 두마가 권한 '쉬운 글쓰기'가 생각난 것이다. 그러고보니 남효는 간절함 가운데 나타나 해답을 던진 스승 같았다. 남효는 세상의 불만에 직접 대응하기보다 한 걸음 비켜서서 은유로 대하는 선비의 풍모를 지녔다. 함께 웃는 대화 가운데 현실비판이 숨어 있었기 때문이다.

문재인 대통령은 야당 대표 시절 선출직 공직자가 공직을 수행할 수 없는 결함이 생겼을 때 그 공직자를 낸 정당은 재보궐 선거에 후보를 내지 않아야 한다고 했다. 그런데 더불어민주당은 후보 공천을 당원들의 뜻에 따라 결정하기로 했는데 이는 '눈 감고 냐옹'하는 자기기만의 쇼였다.

'닭 잡아 먹고 오리발 내민다'는 속담이 있다. 이를 간단하게 닭표 오리발이라고도 한다. 서울과 부산 시장을 되찾으려고 지난날의 말을 뭉개고 후보를 낸 것은 무슨 오리발일까? 궁색하나마 메추리 표 오리발을 내민 것이 아닐까? 영국의 시인이자 비평가인 알렉산더 포프는 한 번의 거짓말이 한 번으로 그치지 않고 거듭 이어지는 자기기만에 대해 이런 말을 했다.

"거짓말을 하는 사람은 자신이 맡은 일이 무엇인지 모릅니다. 왜냐하면 그는 이 첫 번째의 확실성(거짓말)을 유지하기 위해 20명을 더 고안해야 하기 때문입니다."

06

두 얼굴의 조국

도대체 언제부터 조국이 유명인사가 되었을까? 두마는 한 사람의 이름이 단시간에 전 국민에게 각인된 경우는 조국 한 사람뿐이었다고 생각했다. 한번 호기심이 생기면 반드시 파고들어야 직성이 풀리는 두마는 조국이『조국의 시간』이란 책을 출간했다고 하자 호기심이 발동했다. 그렇게 많이 변명하고 깨지고도 조국은 할 말이 남아 있단 말인가?라는 의문이 들었고 동시에 그렇게 많이 깨졌기 때문에 할 말이 있을 수도 있겠다는 생각도 들었다. 그렇다고 해서『조국의 시간』을 사서 읽을 생각은 눈곱만큼도 없었다. 금수저로 태어나 S대를 나온 사람이 자기 잘났다고, 잘났기에 더 억울하다고 어리광을 피운 글이라고 짐작했기 때문이었다.

조국은 도대체 어떻게 살았기에 사회주의에 심취하였고 그것을 밑천 삼아 국민의 시선을 끌었을까? 그런 의문을 품은 두마는 "조국이 언제부터 유명인사가 되었느냐?"고 허람에게 카톡으로 물었다. 그러자 허람은 그게 아니라고 했다. 어느 날 갑자기 조국이 뜬 게 아니라는 말이었다. 그러면서 책을 한 권 보내주었는데 그 책은 시사평론가 김용민이 쓴『조국 현상을 말한다』였다. 출간된 시기를 보니 2011년 6월 10일이었다. 그렇다면 조국은 10년 전부터 거론되던 인물이란 말인가! 그런 놀람으로 김용민의 이력을 보니 그는 인터넷 방송 〈나는 꼼수다〉의 프로듀서 겸 MC였다.

허람은 두마에게 책을 보내면서 2010년 11월에 나온『진보집권 플랜』이란 책에 대한 논평을 첨부했다.『진보집권 플랜』은 '오연호가 묻고 조국이 답하다'라는 부제목을 달고 있었다. 두마는 그 논평을 보는 순간 '그랬구나! 지난 11년 동안 진보 세력은 꿈틀거리고 있었구나!'라는 깨달음을 얻었다. 두마는 허람이 보낸『진보집권 플랜』의 논평을 다시 읽어보았다.

"『진보 집권 플랜』이란 책이 출간되었을 무렵 조국은 마흔다섯 살이었고 자녀들은 고등학교와 중학교에 다니고 있었소. 조국의 딸의 입시 비리를 접했을 때 나는 이승만 시절에 아빠 찬스의 주인공이었던 이강석이 생각났소. 이강석은 1936년생으로 이기붕의 장남이었소. 이기붕은 1948년 대한민국 정부 수립과 함께 이승만 대통령의 비서로서 정치적 기반을 쌓은 사람이었소. 이기붕은 아들이 없었던 이승만에게 자기 아들 이강석을 소개하며 친분을 다졌고 이승만은 83세의 나이에 이강석을 양자로 입적했소. 이런 과정에 열성을 다한 사람은 이기붕의 처 박마리아 여사였소.

이강석은 이승만의 양자로 입적된 1957년 서울대 법대에 편입학을 신청했으나 시험을 쳐서 들어오라는 답을 듣소. 그러나 이강석은 시험도 보지 않고 편입을 요구했고 결국 서울대학교 법대 교수회에서는 만장일치로 그의 편입학을 허가했소. 하지만 이강석은 서울대 법대를 중퇴하고 육군사관학교로 재입학하여 졸업 후 대한민국 육군 소위로 임관하였소. 이승만 독재에 저항한 4·19 혁명이 벌어지자 이강석은 혁명 9일 후인 4월 28일 아버지 이기붕 등 가족을 권총을 쏴서 죽이고 자살을 했소.

조국의 딸이 부정입학이 논란이 되자 최서원의 딸 정유

라가 화제가 올랐소. 정유라는 2014년 9월 실시된 2015학년도 수시전형에서 이화여대에 체육특기자로 지원해 합격했소. 당시 그녀가 입학할 수 있었던 이유는 인천아시아게임에서 금메달을 땄기 때문이었소. 그런데 이 금메달은 입시 요강에 어긋났소. 금메달을 딴 시점이 9월 20일이라 요강에서 밝힌 기간 밖이었고 금메달도 개인전도 아닌 단체전 성과물이었소. 하지만 이화여대는 학칙을 어기면서 그녀를 입학시켰소. 최서원의 딸이 이화여대 부정입학을 했다는 사실이 폭로되면서 민심은 촛불로 번졌고 마침내 박근혜 탄핵으로 이어졌소.

정유라가 SNS에 글을 올린 시기는 2014년 12월 3일로 이화여대 합격에 대한 논란이 시작될 시점이었소. 그 글이 보도된 것은 2016년 10월 19일이었소. 그 보도가 촛불집회의 원인이 되었소. 문제가 된 정유라의 글은 이런 거였소.

"능력 없으면 너희 부모를 원망해. 있는 부모 가지고 '감 놓아라, 배 놓아라' 하지 말고. 돈도 실력이야. 불만이 있으면 종목을 갈아타야지. 남을 욕하기 바쁘니 다른 거 한들 어디 성공하겠니?"

정유라의 글은 분노를 유발했소. 하지만 그 글이 죄일

수는 없었소. 그렇다면 정유라는 무슨 죄를 지었을까? 그녀의 죄를 '국가기밀 누설죄'라고 말하는 사람도 있었소. 무슨 기밀을 누설했단 말인가? 그 답은 '돈도 실력이라는 말'이라고 합디다. 교수들도 알아서 기었다는 '돈도 실력'이라는 기밀을 만천하에 알린 것이 죄라는 얘기였소.

진보는 평등을 추구하는 집단이오. 그런데 조국이 자녀를 특별하게 교육받게 해서 문제가 되었소. 법을 어겼다기보다 수단 방법을 가리지 않았다는 거요. 다시 『진보 집권 플랜』이란 책 얘기로 돌아가겠소. 조국은 책에서 민주당 정치인을 비판했는데 그 구절은 이렇소.

"특히 민주당에는 386세대에 속하는 '스타 정치인'이 많은데, 제가 과문(寡聞)한지 몰라도 이들이 지금까지 무얼 했는지 잘 모르겠어요. 이제 386 정치인들은 과거 반독재 민주화 투쟁의 선봉에 섰던 마음으로 '생활 좌파'를 제도화하려는 운동을 과감하게 선도해야 한다고 봅니다."

조국은 진보·개혁 진영의 사람들이 '정치 좌파'이자 '생활 우파'가 되어버린 것을 개탄하면서 진보는 열정을 가지고 미답의 장, 미완의 장 속으로 뛰어 들어가야 한다고 주장했소. 생활 좌파를 하자는 좋은 말이었소. 생활 좌파라는 말은 진보답게 살아야 한다는 의미로 이해할 수 있는 말이었소. 하지만 나는 이념을 지키는 생활을 제시하는 것은 언어도단이라고 생각하오. 사는 생활을 우파·좌파로 구분한다는 것이 말이 안 되기 때문이오. 한마디로 조국이 쓰는 용어는 무책임한 것이었소. 조국도 그가 비난했던 생활 우파처럼 자녀들에게 아빠 찬스를 제공했지 않소? 그런 사람이 생활 좌파가 어떤 모델인지도 제시하지 않으면서 제도화해야 한다고 했으니 여느 독재자 못지않은 교조주의자 흉내를 낸 셈이오.

10년 세월이 지나 생활 좌파란 말이 공염불에 불과하다는 것을 조국 스스로 자녀 입학 비리로 증명했소. 하지만 그 시절로 돌아가서 보면 그의 대담집은 세상을 보는 전망을 제시했음을 인정하지 않을 수 없소. 청년들에게 미래에 투자하라거나 왜 진보가 집권해야 하는가 등을 잘 소개했기 때문이오. 진보의 고속도로를 만들자는 주장도 귀를 솔깃하게 했소.

2019년 7월 조국은 한 드라마 배경음악을 언급하며 古김남주 시인이 작사한 '죽창가'를 SNS에 올렸소. 이 글 때문에 조국 민정수석이 반일감정을 조장한다는 지적을 받았소. 2013년 10월 조국은 박근혜 당시 대통령이 프로야구 시구자로 나섰을 때 일본 브랜드 운동화를 신은 것을 비판하며 "다음부턴 국산 운동화를 신어 달라"고 요구하기도 했소. 그런데 2019년 9월 2일 급하게 마련된 기자회견장에서 조국 법무장관 후보가 간담회를 시작할 때, 사람들의 시선은 조 후보자의 손에 들고 있는 볼펜에 집중되었소. 그것은 일본기업 제품이었기 때문이오.

코로나19 사태가 거세지면서 나는 조국이 말한 대로 진보의 고속도로가 열릴 것 같다는 생각을 잠깐 했소. 그리고 문 대통령이 조국에 대한 마음의 빚을 조금 알 것 같았소. 조국은 10년 전에 공직자 비리 수사처 신설을 주장하며 검찰 개혁을 주창했기 때문이오.

2005년에 임채원은 『보수의 빈곤과 정책담론』이란 책을 낸 적이 있소. 그 책에서 저자는 한국에서 국가적으로 중상주의는 있었어도 보수주의는 존재하지 않았다고 단언했소. 그는 한국 보수주의가 철학적으로 허약했던 이유를 사회개혁세력에 의해 실질적인 도전을 받아본 경험이 없기 때문이라는 말도 했소.

지금 야당인 '국민의 힘'은 2020년 9월 3일부터 '미래통합당'의 당명을 바꾼 당이오. '미래통합당'으로 바꾼 후 7개월도 안 되어 간판을 바꾼 것이오. 지금 '국민의 힘'은 10년 전에 조국이 말해서 이룩한 진보 세상을 직면하고 있고 동시에 16년 전에 임채원이 말한 사회개혁 도전 과제를 접하고 있지 않소?

　김용민이 쓴 책은 『진보집권 플랜』과 맥락이 같은 점이 많소. 우리가 무심한 사이에 진보주의자들이 나름 노력을 했음을 발견할 것이오. 그런 와중에 우리의 불평등을 환기시킨 〈기생충〉이란 영화가 세계인의 이목을 끌었소. 오르려고 기를 쓰다가 짓밟힌 조국과 지하실로 스며들어 지상의 영광으로 거듭난 봉준호의 출현이 지금 시대의 두 얼굴 같지 않소?"

　두마는 허람의 논평을 읽자마자 『조국 현상을 말한다』를 펼쳐보았다. 목차는 5개의 부로 구성되어 있는데 두마가 관심을 가진 내용은 3, 4, 5부였다. 그중에 5부 2장인 「구도의 관점에서−공희준·정치평론가」를 읽어 보니 조국에 대한 신랄한 비판이 신선한 느낌을 주었다.

　공희준에 의하면 강남 좌파의 일원인 조국은 영남 마인드와 영남 패권주의의 일원일 뿐이라고 했다. 영남 마인드는 자기 분야에서 자리를 잡고 나면 정치 입문을 당연하게 여기는 것이라고 했고 영남 패권주의는 같은 정당원이 되더라도 영남 출신은 동질적으로 보고 타지 출신은 배척한다는 거였다. 공희준은 참여정부 때 당원들의 상반된 태도를 지적하고 있었다. 한나라당 출신 김혁규를 총리 후보로 영입한 것은 탁월한 선택이라며 받아들이고 같은 당에서 온 손학규는 갖은 권력을 누린 인물로 배척한 것을 그 근거로 제시했다.

공희준은 조국을 개념 없는 사람이라고도 했는데 자본주의 문제로 재테크를 거론하려면 조국을 포함한 강남사람들이 가진 펀드부터 처분해야 한다고 했다. 신기한 것은 지금부터 10년 전에 조국이 법무장관이란 엄청난 벼슬을 할 것이라는 예상하고 있었다는 것이다.

조국의 자녀들은 아빠 찬스 활용과 더불어 총장의 직인을 위조한 엄마 찬스도 받았다. 두마는 영화 〈기생충〉에서 '너는 다 계획이 있구나'라고 말하는 장면에서 정경심의 안대 낀 눈을 연상했다. 그리고 2019년 조국 사퇴 데모 때 서울대 재학생들이 문서위조학과라는 깃발을 들고 행진한 장면도 떠올랐다. 남들보다 한, 두 발 늦은 시대 감각 때문에 늘 뒤처진다고 느꼈던 두마는 〈기생충〉을 보고 난 후 빈부 차이를 생각하지 않을 수 없었다.

『조국 현상을 말한다』는 책을 훑어본 두마는 10년 전에 허람이 쓴『안철수 대통령』이란 책과 다른 점을 찾을 수 있었다.『조국 현상을 말한다』와『안철수 대통령』은 비슷한 시기에 출간되었다. 그런데『조국 현상을 말한다』는 좌파의 급진적 사고가 배어 있었고『안철수 대통령』은 중도 우파 전문가 시각을 바탕으로 삼고 있었다. 두마가『조국 현상을 말한다』라는 책에서 좌파 급진주의를 느낀 것은 2장『2017 링 위에 오를 그들』에서 대선 후보 7명의 정치인을 예측했는데 불행히도 이정희 한 사람만 현실과 맞았다.

허람이 쓴『안철수 대통령』은 비교적 현실과 맞는 부분이 많았다. 그는 2007년의 예상 인물을 거론하지 않았다. 하지만 그가 거론했던 인물들의 강·약점이나 문제점은 유효한 부분이 많았다. 우선 그는 그 책에서 이름을 거론하지 않았지만, 홍준표를 민주 의식이 허약한 인물이라고 했다. 막말을 일삼기 때문이라고 본 것 같았다. 그리고 문재인을 다크호스로 제시했고 박근혜는 독기와 편중 인사가 문제가 될 수 있음을 예측했다. 그리고 노무현과 이명박이 서로 많은 공통점이 있다는 말도 설득력이 있었다.

두마는 허람에게『안철수 대통령』이란 제목 때문에 오해를 받지 않았느냐고 말한 적이 있었다. 그때 그는 원고를 출판사에 넘기면 제목을 출판사 마음대로 정하게 한다고 했다. 그가 원한 제목은 부제목으로 제시된 '시대의 요구와 민심의 흐름'이었다는 것이다. 2011년 9월 그는 『안철수 대통령』이란 책을 냈고 이듬해 출판 전문지 〈기획회의〉는 2012년 5월 5일자로 '안철수를 바라보는 49가지 시선'이란 특집기사를 실었을 때 그가 쓴 『안철수 대통령』이란 책을 안철수 담론 최초 발설자로 소개했었다. 연초에 두마는 허람에게 물은 적이 있었다.

"10년 전의 일을 생각하면 어때요?"

"그때 안철수를 거품으로 몰아붙였던 언론들에게 묻고 싶어요. 진짜 거품이라면 진작 사라져야 하는데 왜 지금 대선 마당도 기웃거리느냐고?"

두마는 박근혜 정부 시절 진보 집단이 대한민국을 '헬 조선'이라 불렀던 것을 떠올렸다. '헬 조선에 신음하는 이 시대 흙수저들' '20·30세대가 부르는 또 다른 대한민국 헬 조선' 등이었다. 이런 주장의 대표 인물은 조국 서울대 교수였다. 지금 부동산 대란을 보는 사람들은 아연실색하면서 놀라고 있다. 어제 헬조선을 말한 사람들이 오늘 헬헬 조선을 만들고 있기 때문이다. 이런저런 생각을 하다 보니 두마는 진보는 희망이고 보수는 부패라고 주장하는 사람들을 의심하지 않을 수 없었다.

누가 보수가 되고 누가 진보가 되는가? 허람은 '양육 방식'의 차이가 보수와 진보를 가른다는 미국의 인지 언어학자 조지 레이커프의 시각을 소개했었다. 사람은 태어나면서부터 정치 성향을 갖는 것은 아니라 교육 프레임에 따라 이념을 형성한다는 주장이었다. 아이가 자라면서 어머니 영향을 많이 받으면 진보에 기울고 아버지 영향을 많이 받으면 보수에 기운다는 것이다. 보수는 아버지 모델을 따르며 책임감을 중시하고 진보는 어머니 모델을 따르며 평등 의식을 강조한다. 그래서 애국이란 말을 할 때 보수는 국가방위를 먼저 생각하고 진보는 인권이나 평등을 먼저 떠올린다.

허람은 보수와 진보는 옳고 그름이 아니라 추구하는 가치의 차이라고 했었다. 보수는 전통을 계승하면서 책임을 강조한다. 그래서 보수는 자기 마음대로 할 수 없다. 영국의 보수가 대표적이다. 한때 노무현은 보수를 자기 마음대로 하는 것이라고 말한 적이 있었다. 허람은 그 발언을 두고 노무현이 보수의 본질을 잘 모르는 사람이라고 했다. 오히려 평등 이상을 숭배하는 진보가 현실을 무시하고 자기 마음대로 하려는 기질이 강하다고 했었다.

과연 보수와 진보를 칼로 두부 자르듯이 구분할 수 있을까? 허람은 보수와 진보를 명확하게 구분하려는 것 자체가 우습다고 보았다. 국방에 대해 보수적인 사람이 교육이나 사회정책에 진보적일 수 있고 그 반대도 얼마든지 가능하기 때문이라고 했다.

　　두마는 『조국 현상을 말한다』를 좀 더 자세하게 읽어야겠다는 생각을 했다. 그런 생각을 하면서 두마는 허람에게 정치상식을 넓히는 책을 두 권만 보내 달라는 메일을 썼다. 다음에 허람을 만날 때 대화거리로 삼고 싶었기 때문이었다.

사건과 변신

허람은 두마에게 J.S 밀의 『자유론』과 로버트 달이 쓴 『경제 민주주의에 관하여』라는 책을 보내기로 작정했다. 그러다가 문득 두마라는 별명이 생긴 유래가 떠올랐다. 두마와 같은 사무실에서 일할 때였다. 두 사람이 대화를 나눈 주제는 마케팅이었는데 그 본질은 가치 교환이었다.

어떻게 하면 고객의 욕망을 창출하는가? 그러자면 고객의 문제부터 정확하게 찾아야 한다. 고객의 문제 또는 고객이 가려운 곳을 찾는 작업은 한의사가 맥을 재는 것과 비슷한 탐색 과정이 필요했다. 당연히 고객을 만나서 심층 대화를 했고 고객의 무의식을 탐색해야 했다. 그때 두마와 허람은 뭔가 야마가 있는 말을 찾으려고 애썼다. 야마는 요즘 젊은이들이 필이 통한다느니, 각이 잡힌다느니, 개념이 선다는 말을 하는 것과 비슷한 단서발견이다. 야마 있는 그림과 구도, 상상을 점화시키는 특별한 단어는 무엇인가? 그런 단어를 찾기 위해 이야기를 끌어내려고 하는 쪽은 허람이었다. 동시에 두마는 허람의 이야기가 비약할 즈음 제동을 걸고 중간 매듭을 지으려고 했다. 그럴 때 그는 '잠깐!' 하면서 '지금까지 했던 말을 두 마디로 요약하면 어떻게 될까요?'라는 말을 했다. 두 마디로 요약하라는 말을 자주 들은 허람은 아예 그를 두마라고 불렀다.

두마라는 별명이 생긴 연유를 떠올린 허람은 정치를 좀 더 자세하게 알고 싶다는 두마에게 두 마디 또는 두 단어로 정치를 설명한 책을 떠올렸다. 그러자 『여씨 춘추』란 책이 생각났다. 그래서 두마가 부탁한 두 권의 책에 『여씨 춘추』를 추가하여 세 권을 보내기로 했다.

두마의 인생을 두 마디로 요약하면 어떻게 될까? 허람은 두마에게 책을 보내려고 포장을 하는 동안 그런 의문을 품었다. 그러자 '사건과 변신'이란 두 마디가 떠올랐다. 두마는 고등학교 2학년 때인 1970년 당시 야당 당수는 유진산이었다. 그때 두마는 '유진산이 어떤 인물이기에 박정희와 맞서는가?'라는 의문을 품고 청주의 한 공원의 천막을 찾아갔다. 곧 있을 유진산의 연설을 위해 도와줄 일이 무엇인지 물으러 간 것이다.

 유진산 연설을 준비하는 주최 측은 두마에게 전단지 뭉치를 주고 길에서 나눠주라고 했다. 교복을 입은 학생이었던 두마는 그것을 받아 행인들에게 나눠주었다. 그런데 그 작은 일이 정학이라는 엄벌을 받을 줄 눈곱만큼도 예상하지 못했다. 당연히 어떤 시민 한 사람이 두마의 이름을 외워 경찰에 신고했고 경찰은 교장에게 전화를 걸었다. 공무원을 하시는 아버지가 학교를 찾아 사과하고 빌어서 그 사건이 정학 처분으로 종결되었다. 그때 그 시절 두마는 야당 당수를 돕는 일이 무슨 의미인지 몰랐다. 그 일이 계속 족쇄처럼 따라붙는 꼬리표가 될 줄도 몰랐다. 서울 명문대학에 들어가서도 그때 그 시절의 일이 꼬리표처럼 따라다녔고 나중에 학교에서 그를 다른 학교로 편입하기를 종용했다. 그렇게 그는 두, 세 군데의 대학을 순례하듯이 다녀야 했다. 첫 번째로 두마가 경험한 사건이었다.

 두마가 엉뚱한 사건에 연루되었다고 느낀 두 번째 사건은 어처구니없는 것이었다. 어느 날 그는 이런 말을 했다.

 "초등학교 2학년 때 제가 어떤 여자애의 코피를 터트린 적이 있어요. 반장인 내가 청소를 시켰는데 걔가 말을 안 들었거든요. 그날 저녁에 걔 엄마가 우리 집에 왔더라고요. 겁이 나서 다락방에서 한 시간 정도 숨어있었지요."

"한 번쯤 있을 만한 사건 아닌가요?"

"그런 식으로 그냥 잊어버렸으면 좋겠는데 그게 아니었어요."

"사건의 파장이 컸다는 건가요?"

"그때 그 여자애가 김옥분이라는 앤데 그 애가 억울하게 죽었다는 것을 얼마 전에 알고 놀랐어요. 수지김 사건의 주인공이 바로 김옥분이었어요."

수지김 사건의 전말은 이랬다. 김옥분은 1987년 홍콩에서 남편에게 살해되었는데 그가 아내인 수지김(본명 김옥분)이 자신을 납북하려고 해서 죽였다고 말한 것이다. 한순간에 김옥분은 여간첩으로 오인되었는데 2000년부터 사건의 실상이 밝혀지면서 2001년 남편인 윤태식이 살인죄로 체포되었고 마침내 그 사건이 안전기획부가 조작한 것임이 드러난 것이다.

"같은 반 아이가 수지김 사건의 주인공이었으니 놀랐겠네요?"

"생각해 보세요. 조지 오웰이 쓴 『1984년』이란 소설에서 볼 수 있는 일이 1987년 한국에서 일어나 14년 뒤에야 진상이 밝혀졌다는 것이 기가 막히잖아요. 살인을 저지른 윤태식과 이를 감싼 장세동은 멀쩡하게 살아서 대로를 활보하는데."

"후유증이 엄청났겠네요?"

"말도 마세요. 옥분이 엄마, 오빠, 언니가 세상을 떠났고 여동생은 이혼을 당했지요. 2003년에 국가를 상대로 손해배상 청구 소송을 해서 위자료를 받게 되었는데 실제로 그 돈을 받았는지 어땠는지 모르겠어요."

두마가 겪은 세 번째 사건은 두마의 아버지와 관련이 있었다. 두마의 아버지는 일제 강점기에 징용을 당해 정비병으로 일했다고 한다. 전쟁 막바지에 정비창고가 폭탄을 맞아 불이 나서 큰 화상을 입었는데, 군의관이 자기 할 일은 다 했다며 쌀 두 가마니를 주면서 민간인 집에서 정양하라고 권했다고 한다. 전쟁 막바지에 쌀 두 가마니는 대단한 특혜였다고 했다. 그때 두마의 아버지가 정양을 했던 집에 어린 소녀가 둘 있었다고 했다.

세월이 흘러 두마의 아버지가 칠순을 맞았을 때 그곳 관청에 편지를 보내 은혜를 갚고 싶다는 사연을 알렸다. 그로부터 3개월쯤 지나 답장을 받자 아버지는 즉시 항공권을 보냈다. 지금은 할머니가 된 자매가 왔을 때 두마가 손님 두 분과 아버지를 모시고 국내 주요 관광지를 유람하는 운전을 했고 아버지는 자매가 돌아갈 때 송이버섯을 한 박스씩 선물했다고 한다. 그 두 분이 일본으로 돌아가 한국에서의 환대를 감사했다고 하면서 매일 송이버섯을 얇게 썰어서 참기름 소금에 찍어 먹으며 추억에 잠긴다는 편지를 보냈다고 했다. 그때 두마는 아버지가 징용에 끌려나가 일을 아주 잘해서 일본인으로 귀화를 하라는 권유를 받은 적이 있다는 사실을 알았다. 그때 두마는 '아버지가 친일파이셨나?'라는 의문을 잠깐 품었다고 했다. 하지만 스무 살도 안 된 청년이 시키는 일을 무조건하지 않았을까? 그런 생각이 들자 아버지에게 따지고 싶은 마음이 사라졌다고 했다.

두마가 겪은 네 번째 사건은 이름도 모르고 얼굴도 모르는 두마의 삼촌이 이산가족 방문차 북한에서 온 것이다. 그때 방송국 사람들이 카메라를 들이대며 무슨 말을 하라고 했을 때 두마는 아무 말도 할 수 없었다고 했다. 두마는 그때를 회상하며 이런 말을 했다.

"내가 태어나기도 전의 사건과 연루되어 있다는 것이 답답합니다. 실감이 나지 않았어요. 그러니 무슨 말을 하겠어요? 그제야 비로소 허람이 했던 말이 생각납니다. 우리가 '남의 일'이라고 여긴 것일수록 그 일이 나와 관련된 것임을 뒤늦게 깨달을 때가 있다는 말이지요."

　그런 말을 들은 허람은 두마를 만나고 두 해가 되었을
때 만난 오길남에 대한 이야기를 나눌 때가 생각났다. 오
길남은 누구인가? 그는 국적을 5번이나 바꾼 인물이었다.
그는 서울대학교 독문과를 졸업하고 1970년 독일로 유학
을 가서 공산주의 경제이론에 심취했다. 자연히 그는 친북
한 성향의 반체제운동을 했고 광주민주화항쟁이 일어났던
1980년 독일에 망명했다. 그러면서 그는 독일 국적을 가
지게 되었다.

　그는 북한의 대남공작운동을 주도하던 김철수의 회유를
받고 가족과 함께 북한으로 가면서 3번째 국적인 북한 국
적을 갖게 되었다. 북한을 가기 전에 그는 김일성 대학의
교수가 될 것이라고 들었으나 막상 북한에 간 그는 대남방
송을 하는 민중의 메아리 방송 요원이 되었다. 실망한 그
는 유럽 유학생을 유인해 북한으로 망명시키는 임무를 자
청하여 덴마크로 들어가던 중 곧바로 탈출하여 독일로 망
명한다. 그때가 1986년이었고 4번째 국적으로 다시 독일
국적을 갖게 되었다. 독일 망명 후 북한에 남겨진 그는 처
자식 송환을 위해 노력했으나 뜻을 이루지 못하고 1992년

한국에 자수하여 1995년 기소유예 처분을 받았다. 5번째 국적으로 비로소 한국 국적을 갖게 된 것이다.

허람은 DJ 정부 시절 통일 세미나에서 오길남 씨를 우연히 만나 꽤 많은 대화를 나누었다. 그 전에 그는 통일 심리 연구의 일환으로 가족 귀순으로 유명한 김만철의 조카를 만나 심층면접을 했었다. 그는 오길남 씨로부터 이런 얘기를 들었다.

"북한에 살면서 집을 배정받아 벽에 못을 치려고 하니 못 구하기가 힘들었어요. 방법을 못 찾고 며칠을 지냈는데 어떤 사람이 누구를 소개했어요. 그래서 그 사람에게 못을 부탁했더니 자기 집으로 오라고 합디다. 거기서 그는 놀라운 사실을 발견했는데, 그 사람 집에는 못이 궤짝에서 썩어 넘칠 만큼 많이 있습디다. 위에서 못을 인민들에게 나누어주라고 배급을 해도 아래까지 전달이 되지 않았던 것이지요. 공산주의는 그만큼 이론과 실천 사이의 거리가 멉디다. 나는 한국에 와서 남대문 시장을 보고 눈물을 흘렸습니다. 남대문 시장에 있는 물건만 해도 북한 주민이 2년은 먹고 살 만큼 많았으니까요."

허람이 오길남 씨로부터 들은 말 중에 인상적인 것은 남한사람들은 북한을 공산주의로만 본다는 거였다. 그는 북한은 공산주의 말고도 그보다 더 많은 체제 갑옷을 입고 있는 세계 초유의 국가라고 했다. 북한은 권력 세습을 하는 왕조주의 국가이고, 독재를 하는 나라이고, 국민을 감시하는 경찰 국가이고, 언제 어디서나 국민을 동원하는 군국주의 국가이고, 중세시대처럼 김일성을 숭배하는 신정(神政)국가라는 거였다.

　오길남 씨는 독일에서 간호사로 일하던 여인과 결혼을 했고 두 자녀를 두었다. 그가 사랑하는 아내와 두 자녀와 함께 북한으로 갔다가 자신만 빠져나오기까지 숱한 고뇌가 있었다. 거기에는 조국 배신자라는 낙인이 찍힌 채 살 수 없다는 양심이 있었다. 오길남 씨가 북한으로 간 것은 바로 송두율 교수의 회유 때문이었다. 송두율은 북한을 위해 일하는 첩보원 김철수의 본명이었다. 오길남의 처는 '통영의 딸'로 알려진 신숙자였는데 통영 출신 윤이상과 가까이 지내던 중 그의 끄나풀인 송두율에게 포섭되어 북한으로 간 것이다. 신숙자는 오길남이 자기 과장을 하는 성격 때문에 평생 후회할 것이라며 북한행을 반대했는데 결국 현장에 가서 모든 것을 깨달았다고 한다. 신숙자는 남편 오길남이 다시 유럽으로 가게 되자 자신과 두 딸 걱정은 하지 말고 전향하라고 권했다고 한다. 훗날 송두율이 한국에 왔을 때 오길남은 "내 눈에 흙이 들어가거든 올 일이지 내가 멀쩡하게 살아있는데 들어오려고 하느냐?"며 억울한 심정을 피력하기도 했다. (북한은 신숙자(70) 씨가 1980년 대부터 앓아오던 간염으로 사망했다고 유엔에 통보한 것으로 2012년 5월 8일 확인됐다.)

허람은 오길남을 이야기하면서 비극의 굴렁쇠는 평범한 사람들에게 상처를 남긴다고 했다. 그때 두마는 오길남 같은 인물은 아주 예외적인 인물 아니냐고 했는데 허람은 그 말에 이런 대답을 했다.

"우리가 '남의 일'이라고 여긴 것일수록 그 일이 나와 관련된 것임을 뒤늦게 깨달을 때가 있습니다. 내가 역사에 포획된 인물임을 깨닫는 거지요."

두마는 이산가족 상봉에 낄 수 없었다. 만나는 사람의 인원수가 제한되어 있었기 때문에 부모님만 작은아버지를 만났다는 것이다. 이산가족 상봉 후 두마의 아버지는 적십자 당국을 찾아가 확인서를 받았다고 했다. 본인은 동생을 만날 의사 없었는데 나라에서 만나라고 해서 할 수 없이 만났으니 상봉에 관해 일말의 책임이 없다는 내용의 확인서였다.

"굳이 그럴 필요가 있었을까요?"라고 허람이 말했을 때 두마가 대답했다.

"그러게 말입니다. 나도 그렇게 말하자 아버지가 정색하시더군요. 그러면서 하시는 말씀을 들어보니 반박할 수 없습디다."

"무슨 말씀을 하셨는데요?"

"만에 하나 자식들한테 무슨 일이 있을지도 몰라서 그랬다. 별거 아닌 일로 억울하게 죽는 사람을 숱하게 보면서 나는 평생을 살았다. 그렇게라도 해놓지 않으면 잠이 안 오는 것을 어떻게 하니? 라고 말씀하십디다."

두마는 전에도 아버지가 확인 중독증이 있다고 했다. 그러면서 그 원인을 일제 강점기 이후 수없이 속고 살아온 시대 탓으로 돌렸다.

"아버지는 기차 여행하실 때마다 출발하는 시간을 여러 번 물었어요. 표를 사면서 묻고, 5분쯤 뒤에 다시 매표소로 가서 묻고, 플랫폼에서 기다리면서 역무원을 만나면 묻고 그러고 나서 1, 2분 뒤에 또 물었지요."

두마가 그런 말을 할 때 허람은 고개를 저었다. 그러면서 '타고난 천성일지도 모른다'고 말했다. 같은 시대를 살았던 허람의 아버지는 두마 아버지와 같지 않았기 때문이었다. 두마는 북에서 내려온 작은아버지 이야기를 하면서 심리학 전공자는 역시 다른 것 같다고 했다. 상면 장소에 가지 못한 두마는 작은아버지와 전화로 인사를 나눌 수 있었는데, 그때 그는 북에 있는 사촌들의 근황을 묻다가 우연히 아버지의 어린 시절을 듣게 되었다는 것이다.

"형님은 산에서 나무를 하여 지게를 질 때도 반듯하게 각이 서게 했을 만큼 태생부터 빈틈없는 사람이었어."

그때 두마는 허람을 생각했다면서 이런 말을 했다.

"어떻게 아버지의 유별남을 미리 짐작하실 수 있었지요?"

"타고난 천성은 시대나 가정환경을 무색하게 할 만큼 힘이 센 거지요."

"그걸 보지도 않고 알 수 있다는 거예요?"

"대충 들어보면 감이 잡혀요. 요즘 그런 사람이 의외로 많아요."

"나도 아버지처럼 확인 중독증이 있다는 건가요?"

"확인 중독증이란 말 대신에 시간 강박증이라고 부르고 싶네요."

시간 강박증은 현대인들도 겪고 있다. 허람이 만나 본 경영자들 중에 더 많이 의심하고 확인해야 능력을 발휘한다고 믿는 사람이 있었다. 변호사, 조사전문가, 정신과 의사, 심리치료사, 작가, 수사관, 경영 컨설턴트들도 그렇다. 겉으로 보이는 직업은 다르지만 그들의 속마음은 늘 의심과 확인을 넘나든다. 계획대로 되지 않으면 큰 착오를 했다고 가슴을 아파하는 사람들…. 늘 바쁘다고 말하면서 시간에 쫓기듯이 사는 사람들….

허람이 그런 예를 들었을 때 두마는 가벼운 한숨을 쉬면서 이런 말을 했다.

"그동안 나는 머릿속으로 치밀한 계산을 하면서 살았어요. 그런데 나와 무관한 것으로 여긴 사건들이 나에게 파도치듯이 몰려오니 내가 주인공이 아니라도 역사에 포획된 인물임을 깨닫게 됩디다. 요즘 나는 나란 존재의 의미를 탐색하는 시간이 많아졌어요."

허람은 두마의 인생을 '사건과 변신의 주인공'으로 정리하여 두마에게 메일로 보내자 이틀 뒤 답장을 받았다.

"나는 왜 내 의사와 무관하게 시대적 사건에 얽히는가? 한때 나는 그런 불만이 있었어요. 그런데 얼마 전에『시티 오브 걸스』를 읽으면서 생각이 달라졌어요.『시티 오브 걸스』는『먹고 기도하고 사랑하라』를 쓴 엘리자베스 길버트가 쓴 책인데, 여성 심리에 대한 섬세한 터치가 인상적이더군요. 주인공은 할머니로부터 배운 바느질 솜씨로 뉴욕에 와서 극단 배우들을 위한 의상디자이너로 활동했습니다. 그 계기 중에 하나가 영국에서 온 유명 배우를 만난 것이었지요. 유명 배우가 미국에 머물 수밖에 없었던 이유는 2차대전이란 전쟁으로 영국의 집이 폭격을 받았기 때문입니다. 그 사실을 상기하니 어머니 생각이 납디다. 어머니는 일제 강점기에 시골 마을에서 처음으로 자전거를 탄 여성이었습니다. 공주에 있는 양장학원에 다니기 위해 자전거를 타고 다니셨으니까요. 어머니는 박봉의 공무원 아내로 양장옷을 만들면서 4명의 자식을 모두 대학에 보내셨어요. 어느 날 어머니가 저에게 말씀하시더군요. 자식 넷을 모두 대학에 보내면 금 방석은 아니래도 은 방석에 앉아서 살 줄 알았다고. 그때는 어머니 말씀이 서운했는데 『시티 오브 걸스』를 읽고 나니 고개가 끄덕여집디다. 어머니도 궁핍한 시대의 질곡에 매달려 살면서 최선을 다한 주인공이란 생각이 들었어요.

언젠가 허람이 말했지요. 빈틈없이 최선을 다하고 살아도 매번 어긋나는 인생이 있다고. 그러면서 고교 동창 이야기를 했지요. 처음 들어간 무역회사는 정치인에게 밉게 보여 문을 닫았고, 두 번째 들어간 H주택은 부도가 났고, 세 번째 들어간 D종합건설은 망해버리는 바람에 아예 한국을 떠난 친구가 있다고. 얼마를 벌던 내가 노력한 대가를 받고 싶은 나라에서 살고 싶어 이민을 간 친구가 있다고. 그 사람이 떠오르면서 나는 상식이 '나 혼자만의 생각'이 아니라 '시대의 물결'이라는 느낌이 들었습니다."

허람은 두마가 상식을 시대의 물결로 확장시켜 말하는 것이 신기했다. 경험이 풍부해지고 나이가 많아지자 상식을 보는 눈이 달라진 것 같았기 때문이다. 그에게 상식은 두루 통하는 교양 같았다. 문득 맹자가 말한 호연지기(浩然之氣)가 떠올랐다. 제자가 맹자에게 호연지기를 묻자 맹자는 그 기(氣)는 지극히 크고 지극히 강하며, 곧음으로 키우면 해롭지 않고, 하늘과 땅 사이에 가득 차게 된다고 했다. 그 기는 의(義)와 도(道)로 짝하니 이들이 없으면 꺼져버린다고 했다. 행동에 떳떳함이 없으면 곧 꺼져버리는 것이라고 한 것이다.

허람은 맹자가 말한 호연지기는 보통사람이 얻기 힘든 것으로 보았다. 타고난 품성이 따로 있다는 느낌이 들었기 때문이다. 증자는 하루에 세 번씩 자신의 몸가짐을 살피고 반성한다고 했다. 오일삼성오신(吾日三省吾身)이란 말이 그렇다. 다른 사람을 위해 일을 도모함에 충심을 다했는가? 친구와 사귐에 신의를 다했는가? 배운 바를 제대로 익혔는가? 이 세 가지는 현대 교양인에게도 기본이 되는 마음가짐이다.

사람은 높은 산에 오르거나 위대한 자연물을 접하면 자신도 모르게 큰 믿음이 생긴다. 시련과 고난을 겪은 사람의 글을 읽으면 마음이 웅장해지는 기분도 느낀다. 이런 것들이 호연지기를 깨닫게 하는 것이다. 이때 호(浩)는 넓다는 의미다. 허람은 두마가 『시티 오브 걸스』나 『안개』 같은 책들을 읽는 것을 생각의 넓이를 추구하는 것으로 보았다. 그래서 상식은 먼저 크게 느끼고 나중에 생각을 깊이 하는 선호후사(先浩後思)의 결과물 같다고 두마에게 메일을 보냈다.

PART 2

재활의 굴렁쇠

08

설왕설래 정치판

여름의 끝자락에 허람은 남효를 만났다. 점심을 먹고 나서 허람은 남효를 강변 노들길로 안내했다. 강바람을 쐬면서 대화를 나누고 싶었기 때문이다. 5분 정도 걷다가 빈 벤치에 앉으면서 남효가 말문을 열었다.

"한국인의 취미가 뭔지 알지?"

허람은 얼굴을 남효에게 돌리면서 대답을 했다.

"대통령 욕하기라고 들었지."

"맞아. 그럼 한국인의 장기가 뭔지도 알겠네?"

"국난 극복이잖아?"

"맞아. 그런데 요즘 장기가 하나 더 늘었다고 해."

"그게 뭐지?"

"부활이라는 거야. 코로나19 와중에 트로트를 부르고

들으며 부활을 꿈꾸기 때문이지. 지금 우리가 점심을 먹고 한강을 바라보니 영화장면 속에 있는 것 같지 않아?"

"그렇네."

남효는 어떤 한순간을 영원한 기념사진처럼 바꾸어 말하는 재주가 있었다. 게다가 그는 남다른 관찰력이 있었다. 그런 그가 엉뚱한 질문을 했다.

"정치인과 연예인의 공통점을 알아?"

"처음 들어."

"시간 날 때마다 자기 이름을 검색한다는 것이라네."

"그렇군. 정치인과 연예인만큼 인지율에 신경을 쓰는 사람들은 없겠지. 이름을 알리는 것이 곧 인기의 시발점이니까."

"『광수생각』이란 만화책이 있어. 그 책을 보면 정치인과 정자의 공통점이 무엇인지 아십니까?라고 묻는 대목이 나와."

"그 답이 뭐지?"

"사람 되기가 힘들다는 거야. 정치인이 사람이 되는 것을 정자가 사람이 되는 20만 분의 1의 확률로 본 것이지."

『광수생각』이란 만화책은 1998년 8월에 나왔으니 지금으로부터 23년 전의 일이다. 그때 스무 살이라면 지금은 마흔셋이다. 그는 지금 정치인이 사람이 될 확률을 얼마로 예상할까? 아마 그는 그런 질문을 받으면 우선 담배를 꺼내 불을 붙이고는 분노를 삭이려고 할지도 모른다. 그 생각이 나자 허람도 웃기는 말이 생각났다.

"금연광고를 위해 갖은 혐오장면을 제시했지만, 담배 판매량이 계속 늘었다고 해. 고민 끝에 현상금을 걸고 슬로건을 모집했는데 1등 상을 받은 슬로건이 뭔지 알아?"

"모르겠는데."

"당신이 사는 담배 값이 국회의원들의 봉급이 됩니다."

"하하! 그럴 듯 해."

정치인을 인간이 되기 힘든 정자로 비유하거나 니코틴보다 더한 독극물로 보는 현상의 배경에는 정치가 제대로 작동하지 않아서 생긴 부정적인 이미지가 있다.

구 소련이 붕괴되기 전에 이런 유머가 있었다고 한다. 나라마다 국군의 날 또는 전승기념일에 행진하는데 제일 마지막에 행진하는 주인공은 그 나라의 가장 강력한 무기가 등장한다고 한다. 미국의 경우 마지막 행진자는 변호사였다. 변호사가 미국에서 가장 센 사람이라는 것이다. 이 말은 미국이란 나라가 법률 만능국가라서 법이 사람들을 비합리적으로 지배해서 나라를 망칠 정도라는 것을 역설적으로 풍자한 것이다. 구 소련의 경우 마지막 행진자는 경제학자였다. 이 말은 경제학자들이 이론은 풍성하지만 무엇 하나 제대로 바꾸지 못해서 나라를 망칠 지경이라는 것이다. 유머는 여기서 다시 시작된다. 한국의 경우 마지막 행진자는 누구냐는 것이다. 그 답은 국회의원이다. 한국의 국회의원들은 싸우기를 잘해서 어느 나라든 한국 국회의원의 입국을 핵폭탄보다 무서워한다는 것이다. 그러자 남효가 말했다.

"정치인을 '욕먹는 하마'라고 말한 이야기도 있어."

그 순간 허람은 욕을 가장 많이 얻어먹었던 정치인이 떠올랐다. 김상현이었다. 허람은 1989년 이후 김상현 전 의원과 교분이 있었다. 몇 차례 그를 만나보니 친화력이 대단했다. 그는 입지전적인 인물이었다. 전남 장성에서 태어나서 어려서 부모를 여의고, 야간 고등학교를 중퇴했다. 29세에 첫 국회의원이 되었고, 이후 야당의 2인자로서 막후 협상이나, 정치적 타협을 성사시켰다. 국내에서 최장인 15년간 정치규제에 묶여 있었고 유신시대 때 참혹한 고문을 받고 5년이 넘는 수감생활을 하였다. 하지만 허람이 그를 만났을 때 신산했던 날들의 흔적은 찾을 수 없었고 특유의 친화력과 밝은 표정이 빛을 뿜고 있었다.

김상현을 만나기 전에 자주 들었던 그의 별명은 '사꾸라'였다. '사꾸라'는 벚꽃의 일본말이지만 선명성을 목숨처럼 여겼던 옛날 정치판에서 낮과 밤이 다른 사람 또는 지조 없는 정치인을 부르는 은어였다. 하지만 그를 만나고 나서 허람이 받은 느낌은 타협의 달인이었다. 자신을 고문한 정보요원이 상(喪)을 당했을 때 빈소를 찾았으니 타고난 정치가라는 느낌이 들 정도였다.

18년 연상인 김상현에게서 허람이 배운 것은 끊임없는 노력이었다. 노래를 잘하지 못한 그가 노래를 배우기 위해 차 안에 테이프를 장착해놓고 차를 탈 때마다 창을 들으면서 10여 년 동안 연습을 했다는 일화는 유명했다. 김상현이 활동할 당시 우리 정치판은 타협을 거절하는 것을 자랑으로 여겼다. 하지만 김상현은 예외였다. 그는 박정희와 척을 진 최형욱과 술자리를 자주 했다고 했다. 물론 박정희와도 대화를 시도했고 박정희가 서거했을 때 문상 허락을 요청했었다. 감옥에 있던 문익환 목사는 박정희의 죽음이 기뻐서 만세를 불렀지만, 김상현은 그와 반대로 묵념하면서 애도했다고 한다. 그런 이야기를 하자 남효가 말했다.

"김상현은 정치를 고객만족으로 본 인물이군."

남효가 그런 말을 하자 허람은 인상 관리에 대한 이야기를 했다.

"맞아. 후보자는 자신의 얼굴도 팔지. 미국의 한 심리학자는 사람의 인상을 결정하는 데는 외모가 55%, 음성이 38%이고 나머지는 7%밖에 되지 않는다고 했어. 그만큼 정치인에게 얼굴이 중요하다는 말이지. 실제로 미국의 한 대학에서 주지사 선거에 나선 후보들의 사진을 보여주고 당선자를 선택하는 실험을 한 적이 있어. 그 결과는 놀랍게도 70%가 적중했어. 자기가 사는 지역이 아닌 다른 주의 후보자들에 대한 정보는 없었지. 오직 인상만으로 주지사 당선자를 예측했으니 대단하지?"

"그렇네."

"정치인 김대중은 과격한 인상을 주는 표정 때문에 수차례 대통령에 낙선했지. 그러던 중 그의 처조카인 이영작 박사가 이미지 조사를 해서 표정을 바꾸어서 대통령에 당선시켰어. 아예 입을 조금 벌린 상태를 습관화하면서 부드러운 이미지를 확산시킨 것이지."

인상에는 얼굴 말고 말씨, 태도, 복장, 유머구사력 등도 포함된다. 따라서 후보자들은 자기 개성을 보여주는 화법을 개발하거나 좋은 이미지를 연상시키는 상징물을 활용할 줄 알아야 한다. 조순이 서울시장에 나섰을 때 고리타

분한 노인이 나선다는 이미지가 있었다. 하지만 그는 때마침 인기를 끌고 있던 포청천을 이용하여 활력 이미지를 구축하여 승리할 수 있었다.

선거는 꿈을 파는 행사다. 그래서 후보자는 꿈을 파는 사람답게 국민과 감정을 공유해야 한다. 옳고, 그르고를 따지면서 대응하는 것보다 무엇이 좋은 것인지를 포착하여 감정을 공유하는 우회로가 필요하다. 노무현이 대선에 나왔을 때 상대 당이 장인의 좌익 경력을 물고 늘어지자 "사랑하는 아내를 버려야 합니까?"라는 말로 맞받아치고 나왔다. 장인의 과거 경력을 인정함과 동시에 자신이 포용력이 큰 사람임을 공감하게 한 것이다.

선거에 나선 후보자는 어떤 문제를 해결하거나 새로운 기회를 발굴하여 길을 터주는 도사와 같다. 왕성한 추진력으로 어제와 다른 세상을 만들어 준다는 불도저임을 각인시켜야 한다. 해결사로서 추진력을 보여 주는 것은 내가 민중을 이끄는 도사임을 보여 주는 것과 비슷하다. 선거는 또한 미래를 파는 장사이다. 그래서 선거는 인상관리, 감정공유, 도사 흉내, 장사로 요약된다. 네 단어의 머리글자를 따면 인감도장이라고 부를 수 있다.

정치는 말로 하는 것이지만 말은 절제와 더불어 울림이

있어야 한다. 그런데 언제부터 말 실력은 곧 펀치력이란 등식이 생긴 것 같다. 정치판에서 말은 상대를 공격할 때도 쓰이고 그 공격을 되받아칠 때도 쓰인다. 말을 부리는 능력에는 두루뭉술하게 받아치는 능력도 포함된다. 링컨 대통령은 정적들로부터 얼굴이 두 개인 사람이라는 공격을 받았다. 그때 링컨은 이렇게 응수했다고 한다.

"제가 얼굴이 두 개라면 이런 얼굴로 나왔겠습니까?"

곤경을 유머로 모면할 줄 아는 정치인으로 김종필이 있었다. 웃기만 할 뿐 답을 하지 않는 소이부답형 표현이 김종필의 장기였다. 박 대통령이 3선 개헌을 하려고 하자 김종필이 지지연설을 하러 다녀야 했다. 그 모습을 본 기자가 '얼마 전까지 반대하신 분이 지지 연설을 하시느냐?'고 물었다. 그러자 김종필은 이렇게 말했다고 한다.

"그러니까 내가 더 죽갔시유."

사람들은 자신의 신념과 일치하는 정보는 받아들이고 신념과 일치하지 않는 정보는 무시하는 경향이 있다. 이를 자기이행적 예언이라고 하는데 넓게 보면 확증편향(confirmation bias)의 일종이다. 지난 총선에서 김종인 선대위원장이 여론조사가 틀리는 경우도 많다고 했던 말도 확증편향의 사례이다. 여론조사가 현실과 다르다고 줄기차게 주장했던 미래통합당은 자체 여론조사를 통해 선거 3일 전에야 판세가 기울어졌음을 알았다고 한다.

확증 편향은 사실을 토대로 문제를 이해하기보다는 과거의 문제와 유사한 쪽으로 이해하려고 할 때 나타난다. 그 대표적 사례가 1998년 미국 빌 클린턴 대통령이 백악관 인턴 모니카 르윈스키와 벌인 '섹스 스캔들'이다. 클린턴이 무모한 섹스 행각을 벌인 배경엔 "예전에 괜찮았으니 이번에도 괜찮겠지" 하는 식의 확증 편향이 자리 잡고 있었다.

확증 편향이 지나치면 없는 사실도 있는 것처럼 둔갑시킨다. 1986년만 해도 국민들의 심금을 울린 단어는 배고픔을 이겨낸 의지의 주인공이었다. 아시안 게임 육상 3관왕인 임춘애는 1969년 생으로 코치의 부인이 간식으로 라면을 끓여 줬다는 말을 했다. 그런데 그 말이 라면만 먹고 달렸다는 보도와 함께 우유를 먹어보는 것이 소원이라는 뉴스까지 나갔다. 그녀는 당시 학교에서 장학금도 받았고 몸보신을 위해 개소주도 먹었는데 그 시절의 언론은 주인공을 각색하기 위해서 물불을 가리지 않았다. 이런 대화 끝에 남효가 내린 결론은 이런 거였다.

"이번 대선은 물불을 가리지 않는 험담들이 범람할 것 같아."

K-세대와 자유

우리나라에 특별한 세대가 출현했다. 밀레니엄 세대와 Z세대를 합쳐서 부르는 MZ세대 중에서 1990년대 출신은 다르기 때문이다. 얼마 전에 원푸리는 MZ세대 특징을 말해 준 적이 있었다. 외동이 많고 부모의 지원을 아낌 없이 받고 자란 MZ세대의 특기 중에 하나가 SNS를 통해 혼쭐도 내주고 돈쭐도 열어준다는 것이었다.

"돈쭐이 뭐야?"

"돈이 없어 치킨집 앞을 서성이던 어린 형제에게 무료로 치킨을 대접한 사연이 알려지며 '돈쭐'이 난 철인 7호 홍대점 사례가 있어. 일종의 몰아서 도와주기야."

"그 반대인 혼쭐은 어떻게 내는 거야?"

"MZ 소비자들은 신념과 가치에 맞는 기업의 서비스는

적극적으로 소비하지만, 추구하는 가치와 맞지 않는 기업의 서비스는 배척한대. 적극적으로 소비하는 것이 돈쭐이라면 배척하는 것은 혼쭐이겠지."

MZ세대는 한때 386이라고 불렸던 세대를 어떻게 볼까? 지금의 586세대들 말이다. 원푸리는 대한민국이 좌경화된 것을 586세대 탓이라는 말을 했다. 그 말에 허람은 586세대들을 좌경화시킨 책임은 전두환에게도 있다고 했다. 전두환이 무리하게 정권을 잡으면서 젊은 세대들의 반항기를 부추겼다고 본 것이다.

허람은 586이 역사의 혜택을 누린 첫 세대라고 보았다. 우선 그들이 20대였던 1980년대는 한국 장편소설의 황금기였다. 많은 대하소설이 그 시대에 발표되었는데 늦게 발표된 작품 중에는 1980년 5월의 광주를 배경으로 삼은 것도 있었다.

586을 대표하는 인물은 누구일까? J일보 기사는 조국을 15.5%로 1위로 꼽았고 다음으로 안철수(9.8%), 나경원(9.2%), 이재명(8.6%), 임종석(6.3%), 오세훈(5.3%), 유시민(4.9%) 등이었다. 허람은 10년 전에 386세대의 대표 인물을 386 이전 세대에게 물어본 적이 있었다. 그때 가장 많이 거론된 인물이 김민석이었고 그 다음이 허인회였다. 그런데 세월이 흘러 훨씬 더 많은 사람들이 586 인물로 거론되었다.

J일보는 '586세대가 대학 입시에서 특혜를 누렸다'고 했다. 대학 정원 증가와 과외 금지를 그렇게 해석한 것이다. 이에 대해 인터넷 한 신문은 반론을 펼쳤다. 대학정원 증가는 과외 시장 과열을 식히기 위한 정부 정책이지 586에게 특혜를 주려는 조처는 아니었다는 것이다. 오히려 당시 군사정권이 대학 졸업을 까다롭게 만들어, 대학생들의 관심을 학생 시위에서 학교 공부에 묶어 두려고 졸업정원제를 택했다고 주장했다. 허람은 그 말이 반만 옳은 얘기라고 생각했다. 전두환 정권이 인기 정책의 일환으로 졸업정원제를 만들어 대학생 수를 100% 늘린 것은 맞다. 하지만 졸업논문을 써야 졸업이 가능하게 한 것은 유명무실했다. 대학교수들도 졸업논문을 내라고만 했지 그것으로 졸업을 결정하지 않았다. 졸업논문이 어려운 것도 아니었고 남의 것을 베껴서 낸 사람도 많았다.

어쨌든 586세대는 졸업정원제 덕분에 일반대생에서 명문대생으로 운명을 바꾼 사람이 많았다. 586세대는 자신들의 현재를 만들어 준 전두환에게 적개심을 품고 반정부 투쟁을 했지만, 그 내막에는 혜택받은 사람의 응석이 숨어 있다고도 볼 수 있다. 대표적인 인물이 조국이다. 그는 전두환 집권기에 대학원생들에게 한시적으로 있었던 6개월 석사장교 출신이었다. 국방 의무를 고스톱판에서 면피하듯이 간단하게 털어버린 것이다.

허람이 586세대를 시대의 혜택을 받은 세대로 보는 큰 이유는 그들이 산아제한 첫 세대라는 것이다. 그래서 그들은 눈치를 보아야 할 형제들의 숫자가 적은 가정에서 자랐다. 그래서 그들은 개인주의적인 선택을 할 수 있었다.

586세대의 또 하나의 특징은 그들이 대한민국 최초의 소비세대란 점이다. 그들은 자신들의 생일을 자랑하고 선물을 교환한 최초의 세대였고 그런 가운데 이성 친구를 초대해 사귀는 기쁨을 누렸다. 1970년대 대학생들은 일부 소수만 생맥주를 마시며 통기타를 연주했을 뿐이었지만 1980년대 대학생들은 소비를 통해 재미있고 신나는 인생을 즐길 수 있었다. 때마침 탄생한 프로야구도 볼거리가 되었다.

세대차이란 말은 과장이나 비약을 일으키기도 한다. 세대라는 말에 차이라는 말을 붙이면 없는 차이도 있는 것처럼 둔갑하기 때문이다. 산업화세대라는 말 그 자체는 중립적이다. 그러나 산업화세대였기 때문에 허리띠 졸라매고 일만 했다고 하면 살기 위해 희생했다는 자랑이 된다. 민주화 세대 역시 그렇다. 물불을 가리지 않고 독재와 싸웠다고 말하면 개인의 안위와 이익을 추구하는 삶을 은근히 비난하는 셈이 된다. 정보화 세대도 마찬가지다. 다양한 정보를 편견 없이 수용하며 사는 세대라고 말하는 순간, 그 이전 세대는 고집불통이란 암시를 주는 것이다. 따라서 세대 차이를 강조할수록 은근한 편 가르기가 생긴다.

지금 40대인 세대들은 어느 세대보다 냉소적인 분위기가 있다. 선배 세대가 민주화는 혼자 다 한 것처럼 '내가 말이야'를 말을 하면서 룸살롱에서 여자를 끼고 운동가를 부르는 이중성을 부정하는 세대인데, 그들은 민주투사나 엘리트보다 소박한 행복이나 삶의 기쁨을 중시하는 경향이 있다.

희망의 상징에서 절망의 대명사가 된 세대는 1980년대에 태어난 세대들이다. 이들을 308세대라고 부를 수 있겠지만 소년 시절 올림픽을 경험했기 때문에 올림픽 세대라고 부르기도 한다. 올림픽이 1988년 일인데 그 세대 출신들이 88만 원 수입으로 살아야 한다고 해서 88세대라고도 하고 자라면서 전자오락을 경험했기 때문에 '밤새지 마!' 세대라고도 한다.

허람이 세대를 떠올린 것은 얼마 전에 『K-를 생각한다』는 책을 재미있게 읽었기 때문이었다. 그는 그 책의 저자인 임명묵이 1994년생인 점을 감안해서 K-세대라고 부를 만 하다고 생각했다. 그런데 9월을 맞아 상경한 두마는 지금 세상을 도단 세상이라고 하는 말을 했다. 무슨 말을 하려고 해도 할 수 없을 만큼 어이없는 세상이라는 말인데, 아마도 그 말은 언어도단(言語道斷)에서 빌려온 것 같았다. 허람은 두마에게 물었다.

"무엇이 언어도단 세상을 만들었지요?"

그러자 두마가 대답했다.

"정치판은 서로 옳다고 설왕설래이고 자고 일어나면 비상식적인 사건이 차고 넘치잖아요."

그 말을 들은 허람은 지금 세상을 코주부 세상이라고 했다. 코로나19 사태와 주택난이 겹쳐 그것의 부메랑으로 결혼을 포기한 사람이 늘어났고 결혼을 했더라도 출산을 피하기 때문에 부모 포기자가 늘고 있다는 거였다. 두마는 그 말에 이런 답을 했다.

"코주부로 머물지 않고 코주부부 세상이군요."

결혼을 생각해야 하는 20대 후반과 30대 초반은 지금 무슨 희망을 안고 살까? 그런 질문으로 시작된 대화는 1994

년 생인 임명묵을 소환하는 계기가 되었다. 허람은 임명묵이 조치원에서 자란 청년으로 10살 때 부모가 조치원역 앞에서 '김밥천국'을 운영했다는 말을 하자 두마가 물었다.

"흔히 말하는 흙수저 출신이군요."

"맞아요. 그 김밥집도 3천만 원 빚으로 시작했대요. 다행히 장사가 잘되면서 2005년부터 인도권, 동남아권, 중앙아시아권 손님들을 맞게 되었대요. 선진국 시민의 자부심을 피부로 느끼는 경험을 하게 된 거지요."

"여러 나라 사람들을 거울 보듯이 하면서 K를 생각하게 되었군요?"

"맞아요. 그는 K를 두 가지로 탐색했어요. 자국 문화의 자부심과 K 방역 같은 국가 동원체제를 동시에 보았지요. 서른도 안 된 젊은이가 다문화적인 관점으로 세상을 보았어요."

"책의 주제를 두 마디로 하면 어떻게 되지요?"

"다르게 보자는 겁니다. 그는 다문화를 보면서 아래로부터의 '한국적 다문화'란 관점을 제시했고 대한민국 386도 다르게 보았어요."

"아버지 세대를 비판적으로 보았나요?"

"그랬죠. 386의 이중사고와 이중생활을 파헤쳤지요. 신선했습니다. 아까 도단 세상을 들을 때 나는 1975년 이후에 태어난 사람들을 도단 세대라고 생각했는데 1994년생임명묵은 도단을 극복할 새로운 세대였어요."

"1975년을 도단 세대의 시작점으로 삼은 이유가 뭐지요?"

"그때 태어난 사람들이 군대를 다녀와 복학했을 때 IMF사태가 터졌지요. 그 이전 세대와 완전히 다른 분위기에 적응하면서 눈치를 본 세대들이에요."

"그렇겠군요. 취업도 쉽지 않았고 일 배우기도 만만치 않았을 테니까요. 지금은 40대가 되었겠네요. 실제로 그런 사람과 대화를 해본 적이 있나요?"

"있지요. 어머니 치매를 간병하면서 군포에서 살 때 자주 가던 '옹골네' 순대국집이 있었어요. 그곳에서 신현수라는 사람을 만났어요. 술자리에서 내 경력을 말했더니 '꽃길만 걸으셨군요'라고 말합디다. 그런데 젊은 사람에게 그런 말을 들으니 기분이 이상합디다. 그래서 '고맙다'고 했지요."

"왜 고맙다고 했나요?"

"내가 꽃길을 걸은 것은 아니지만 대학 졸업 후 취직 걱정을 하지는 않았으니 시대 운은 좋았다고 인정한 것이지요. 75년 이후 출생자들부터 직장 구하기가 눈에 띄게 어려워졌지요."

허람은 여느 때처럼 점심으로 삼계탕을 먹은 것은 같았지만 이번에는 찻집 대신에 캔 커피를 사서 손에 들고 강변을 걸으면서 대화를 나누기로 했다. 한강을 바라보고 걷다가 벤치가 보이자 서로 같이 앉으면서 두마가 물었다.

"도단 세상을 푸는 방법은 뭘까요?"

허람은 공정성 회복이라고 말하자 두마가 대꾸했다.

"공정성이 무너진 것은 이해하는데 그 원인을 찾아서 대처하는 일은 드물었지요?"

"하지만 근래 소방관들이 인기를 얻는 것을 보면 공정성 부활의 조짐도 보여요."

"그래요?"

"우리 사회에서 가장 존경받는 직업은 무엇일까요?"

"소방관이란 말씀입니까?"

"그런 여론조사 결과가 있어요. 2016년에 실시한 한 여론조사에서 가장 존경받는 직업은 소방관이었고 가장 존경받지 못하는 직업은 국회의원이었지요. 인하대 사범대학 김흥규 명예교수와 인하대 학생 생활연구소 이상란 박사가 실시한 '한국인의 직업관'에 대한 조사에서 나타난 결과에요."

"부모가 희망하는 자녀의 직업도 조사했나요?"

"했지요. 같은 조사에서 1위는 공무원, 2위는 의료인, 3위는 교사 순으로 나왔대요. 1위로 존경받는 소방관을 부모들이 희망하지 않는 것은 실리를 추구하기 때문인 것 같아요. 공정이라면 으레 분배적 공정을 떠올리지만 그렇다고 공정이 확보된다고 말할 수 없는 거죠."

"공정의 조건이 있다는 거지요?"

"그렇지요. 우선 어떤 일이나 문제 해결에 꼭 참여해야 할 사람이 빠지면 안 돼요. 성과를 만들기 전에 참여 공정성이 먼저지요."

"참여 공정성 다음으로 필요한 거는 뭐죠?"

"절차와 과정이 투명해야 해요. 그렇게 해서 나온 결과를 배분할 때 평가 공정성이 필요하겠지요. 그런데 단계별 공정성이 확보되어도 분배 공정성이 무시될 때도 있어요."

"어떤 경우지요?"

"월드컵 축구대회가 끝난 뒤 감독은 선수들의 기여도를 기준으로 성과급을 차등 지급했지요. 하지만 선수들은 각자 받은 돈을 모두 모아 n분의 1로 똑같이 나눠 가졌어요."

"능력이나 기여도 차이에 따른 차별을 무시하는 조직문화도 있다는 말이군요."

"맞아요"

두 사람은 벤치에서 일어나 강과 더 가까운 쪽으로 걸어가서 머리 위로 강변도로가 있는 고가 밑 그늘에 자리를 잡았다. 그곳에는 간이 테이블과 목제 의자가 있었다. 가지고 간 캔을 따서 커피를 한 모금 마신 두마가 물었다.

"윤석열이 가짜 모범생인가요?"

허람은 의아하다는 표정으로 두마에게 물었다.

"누가 그런 말을 합디까?"

"유튜브에서 심리 분석한다는 사람이 그런 말을 합디다."

"재미는 있던가요?"

"재미는 있습디다. 그런데 그 사람이 심리는 좀 아는 것 같은데 정치는 모르는 사람 같더군요."

"윤석열이 모범생이라면 정치하려고 나서지 않았겠지요. 영국의 처칠이나 독일의 히틀러도 모범생이 아니었어요. 그 분석가가 가짜 모범생이라고 윤석열을 소개했다면 윤석열이 진짜 정치인이 될 수도 있다는 말도 성립해요."

"그렇게 결론을 내지는 않았어요. 그 사람 말 중에 어색한 부분이 있었는데 리더를 공익추구형과 사익추구형으로 나누었더군요. 허람 생각은 어때요?"

"모호한 분류네요. 두마는 대학 시절 박정희를 공익추구자로 보았나요? 아니면 사익추구자로 보았나요?"

"그때 박정희는 독재자였으니까 그가 말하는 민족중흥은 허울이고 실제 속마음은 권력에 중독된 사익추구자로 보았지요."

"지금은 어때요?"

"박정희만큼 공익을 추구한 리더가 없다고 보지요. 민족중흥의 리더였어요."

"그래요. 한 사람이 무엇을 추구했는지는 세월이 지나서 남긴 업적으로 평가할 수밖에 없어요. 이제 막 정치를 하려는 사람에게 공익추구자나 사익추구자로 분류하는 것은 우물가에서 숭늉을 찾는 것 아닌가요?"

"그렇네요. 그렇다면 무엇으로 정치 인물을 분류하는 것이 좋을까요?"

"자기 중심성과 문제 중심성으로 나누는 분류가 좋아요."

"자기 중심성은 알겠는데 문제 중심성은 뭐지요?"

"문제 중심성은 개인적 동기나 편견으로 대상을 단순화하거나 왜곡하지 않는 것이지요. 쉽게 말하면 선공후사(先公後私)지요."

"문제를 객관적으로 본다는 얘기군요. 우리나라에 그런 예에 들어가는 대표 인물이 있나요?"

"백범 김구 선생을 들 수 있지요."

"좀 들려주세요."

"백범이 교육사업을 하고 있을 때 안중근의 사촌 동생인 안명근이 무관 학교를 설립할 목적으로 자금 모집 활동을 해요. 자금을 내어주지 않던 부호를 권총으로 위협하기도 했지요. 안명근은 김구에게 자기를 지도해달라고 했는데, 김구는 그를 만류하지요. 일본에 대한 적개심을 넘어 인재 양성이 급한 일이라고 설득한 것이지요. 그렇게 김구는 그 일에 가담하지 않아요. 그런데 안명근 사건에 연루되어 옥살이하면서 고문을 당해요. 그때 자신을 고문하는 일제 경찰을 마음속으로 존경하지요."

"왜 존경하지요?"

"저놈은 이미 먹은 나라를 삭히려고 밤을 새거늘 나는 제 나라를 찾으려는 일로 몇 번이나 밤을 새웠던고? 하면서 자기반성을 합니다."

두 사람은 그늘에서 벗어나 한강 나들길 입구 쪽으로 천천히 되돌아갔다. 길을 걸으면서 두마는 남자의 인생은 시대 운에 달렸다는 말을 했다.

"나는 존 스튜어트 밀의 『자유론』을 읽으면서 밀이 시대 운이 좋다고 느꼈어요."

"왜 그랬지요?"

"비슷한 시대를 산 한국의 정약용에 비하면 밀의 인생은 화려했으니까요. 밀은 돈 한 푼도 쓰지 않고 국회의원에 당선되기도 했지요. 반면에 정약용은 벼슬살이 18년, 귀양살이 18년, 유배가 풀리고 나서 18년이란 세월을 살았지요. 3번이나 무슨 욕 같은 18년을 보낸 것이 안타깝습니다."

그랬구나! 두마는 이제 자유에 대해 고민하는 사람이 되었구나! 그런 생각을 하면서 허람은 자기 생각을 말했다.

"나는 대학 입학 후 문고판으로 『자유론』을 읽었는데 자유가 복지의 원천이라는 말이 어려웠어요. 그때 우리는 복지가 무엇인지 제대로 경험하지 못했으니까요."

"맞아요. 탈북한 사람들은 대한민국을 자유의 나라이고 복지의 나라라는 것을 실감한다고 합디다."

"모든 것을 국가가 해준다는 북한이 이제 국민에게 무엇

하나 해주고 있지 못한다는 말이군요."

"나는 존 스튜어트 밀이 영웅숭배론을 반대한 것이 매력적이었어요. 강자는 타인을 강제하여 따르도록 할 수 없고 오로지 앞으로 나아갈 길을 지시할 수 있는 자유만 있다고 했죠. 삶에는 자유와 생활 상황의 다양성이 필요하다는 대목도 신선했어요. 그 두 가지가 결합하여 독창성이 생긴다고 했지요. 그렇게 소중한 자유를 문 정부에서 민주주의 앞에 두지 않고 삭제한 것이 답답해요."

"사회민주주의가 자유민주주의보다 우월할 수 있다고 본 것 아닐까요?"

"어쨌거나 이번에 나는 자유를 다시 생각하게 되었어요. 그리고 진보를 외치는 사람들이 경제를 무시하는 이유도 알았지요."

"어떻게요?"

"『경제 민주주의에 대하여』란 책을 읽고 깨달은 결과지요. 로버트 달은 레닌이 『국가와 혁명』이란 책에서 경영기술을 무시했다는 지적을 했어요. 혁명적 열정을 통해 충분히 보완할 수 있는 것으로 보았다는 거죠."

"맞아요. 역사를 살펴보면 레닌의 생각이 어리석음을 금방 알 수 있지요. 지금의 집값 상승도 그래요. 문 정부 사람들은 시장을 우습게 봐요. 제 친구 중에 김한길과 같은 과를 다닌 조진홍이라는 사람이 있는데 집값이 엄청나게 뛰자 자식들에게 아비가 잘못해서 부끄럽다고 사과했대요."

"왜 사과를 했나요?"

"그동안 민주당 지지를 외쳤으니까요."

"좌파들이 시장을 무시하는 이유가 뭘까요?"

"자기 확신이 강해서 그런 겁니다. 서머싯 모옴은 『면도날』이란 책에서 자기확신에 사로잡히면 그것으로 자신의 성격을 단정하고, 그로 인해 자기를 파멸로 몰고 갈 수도 있다고 했지요."

"그거야 우파들 가운데도 있는 거 아닙니까?"

"있어요. 기득권에 안주할 때 생기는 고집이지요. 노무현을 아예 상대하지 않고 무시한 것도 그래요. 그 결과 오늘날 좌파 만능의 세상이 되지 않았습니까?"

"진짜 세상 변화는 보수가 한다는 말도 있습디다."

"맞아요. 서양의 정통 보수주의는 프랑스 대혁명으로 야기된 과오를 반성하고 오류를 되풀이하지 말자는 데에서 출발했대요. 보수의 사상적 기틀을 마련한 사람이 바로 아일랜드 출신 영국 정치인 에드먼드 버크(1729~1797)죠. 버크가 말하는 보수주의는 신의 뜻에 따른 헌정 체제(당시 입헌군주제)를 바탕으로 전통과 관습을 지키며 주의 깊고 조심스럽게 변화를 시도하는 태도를 뜻해요."

"극단주의에 반대하며 중도를 추구하는 온건 보수주의네요."

"맞아요. 버크가 내세운 보수주의 전통은 19세기 영국 보수당 벤저민 디즈레일리와 독일 재상 비스마르크에서 꽃을 피워요. 디즈레일리는 노동자에게 선거권을 주고 사회개혁 입법을 통해 '요람에서 무덤까지'로 불리는 영국을 만들었지요. 비스마르크는 사회주의 혁명 세력을 채찍으로 탄압했지만 건강 보험, 노령 연금, 산업재해 보상금 등을 도입해 현대복지의 기틀을 마련했어요. 미국의 노예 해방도 보수주의자인 에이브러햄 링컨 대통령에 의해 이뤄졌다고 합니다. 사회복지는 진보좌파가 이루는 게 아니라 혁명을 두려워하는 보수우파가 실현한다는 사실을 입증한 것이죠."

"그렇군요. 아시아 쪽에서 큰일을 한 보수 인물은 없나요?"

"싱가폴의 리콴유가 있어요. 그는 공산주의자들이 추구하는 평등을 인정하면서 평등 세상이 되려면 많은 사람이 부자가 되어야 한다고 했지요."

"박정희도 보수 개혁자라고 할 수 있지요?"

"그렇지요. 나는 한국 노조들이 박정희를 숭배해야 한다고 생각해요. 박정희 덕분에 기업이 커지고 노조가 힘을 얻는 세상이 되었으니까요. 지금 북한을 보세요. 숭배만 있지 분배는 없잖아요."

두 사람이 이야기를 나누며 걷는 동안 화장실이 보였고 그곳에 들른 다음 가까운 나무숲 그늘 밑 벤치에 다시 자리를 잡았다. 서늘한 강바람이 스치자 두마가 새로운 화제를 꺼냈다.

"『여씨춘추』 재미있더군요."

"어느 부분이 그랬죠?"

"전체 구성부터 놀라웠습니다. 책에 43가지 주제가 실렸는데 그중 5가지가 음악을 주제로 삼고 있어서 놀랐지요. 즐겁고 기쁜 것은 평화에서 생기고 이를 구현하는 것을 음악으로 보았으니까요. 장점을 배우고 단점을 고치는 것을 용중(用衆)이라고 표현한 대목이나 민심을 따르는 것을 순민(順民)으로 풀이한 것도 기가 막힙니다. 나는 『여씨춘추』를 읽고 옛날 군주들도 민주 마인드가 있다는 것을 알았습니다."

"자세하게 말해보세요."

"훌륭한 임금을 상소인으로 볼 수 있어요. 상소인은 상식인, 소통인, 인화인입니다. 그런 사람이 되는 조건을 선지순으로 요약할 수 있어요. 선지순은 선기, 지사, 순민입니다. 맹자가 말한 천시, 지리, 인화와 대응하는 말이지요."

"천시를 아는 것을 상식인으로 보았군요?"

"맞아요. 『여씨춘추』를 보니 선기(先己)라는 말이 나옵디다. 먼저 자기를 알아야 한다는 겁니다."

"지리(地利)란 말은 지사(知士)로 대응시킬 수 있겠네요."

"맞아요. 지리학자를 쓰면 되니까요?"

"『여씨춘추』에서 지사(知士)를 설명할 때 천리마와 말 관상가를 예로 들었지요."

"맞아요. 말이 말 관상가를 만나야 천리마로 인정받듯이 군주도 선비를 알아보아야 한다는 거지요. 마치 북채와 북이 서로 의지하듯이. 소통의 조건도 그런 것 아니겠습니까?"

"인화(人和)는요?"

"『여씨춘추』를 보니 순민(順民)이란 말이 나옵디다. 민심을 따르라는 말이지요. 그것이 인화의 기본 아니겠습니까?"

"그런데 말입니다. 청나라를 건국한 누르하치를 4합(四合)의 인물로 소개하는 책이 있습니다."

"사합(四合)이 뭐지요?"

"천합(天合), 지합(地合), 인합(人合), 기합(氣合)입니다."

"기합(氣合)을 어떻게 해석했나요?"

"드넓은 기상과 활달한 심경으로 능히 자신을 억제할 수 있는 것을 그렇게 표현했습니다. 자기 개방과 자기 통제를 합친 뜻 같습니다."

"지금 젊은 세대는 우리 세대보다 자기 개방과 자기 통제 면에서 자유롭다고 볼 수 있겠지요?"

"그렇다고 봅니다. 사람은 태어나면서부터 계산형 인물과 의미형 인물로 구분되는지도 몰라요. 서머싯 몸이 쓴 『면도날』을 보면 두 유형의 인물이 나와요."

"래리라는 청년을 의미형 인물로 보고 이사벨이란 여성을 계산형 인물로 본다는 거지요?"

"책을 읽으셨군요?"

"재미있었어요."

10

존재의 의미

두마는 허람이 1990년대 출생자들을 '한국을 구할 K-세대'라는 말을 꺼낼 때 그들의 특징을 물었다. 그러자 허람은 1990년대 출생자들은 선진국이 된 나라에서 자란 만큼 한국에 온 외국 사람들을 두루 살펴본 장점을 말했다. 그래서 그들은 자기를 확장시킨 사람이라고 했다. 그러자 두마가 물었다.

"1990년대 출생자들은 선진국이 된 나라에서 태어났다고 말하는 근거는 뭐죠?"

"그 시절에 태어났다면 최소한 연탄 가스 중독으로 죽을 위험성은 없었겠지요. 그들이 자랄 때 못 사는 나라 사람들이 우리나라로 돈을 벌러 왔지요. 그때부터 우리 국민들도 집 주인이 된 기분, 즉 자기 확장감을 경험했지요."

"마케팅 장면에서 자기 확장은 어떤 겁니까?"

"명품 마케팅 같은 겁니다. 명품은 자존감을 충전시키니까요."

"그럴듯해요. 명품 마케팅은 겨드랑이에 날개를 달아주는 마케팅으로 볼 수 있지요. 자기 확장을 한 단어로 하면 뭐와 비슷한가요?"

"사치입니다. 사치의 반대를 뭐라고 생각하십니까?"

"검소 아닙니까?"

"사치의 반대는 검소가 아니라 천박함입니다."

"아하! 그럴 수 있겠네요. 적어도 자기 확장은 일차적인 생존 욕구를 뛰어넘는 거군요. 자본주의 개성시대에 어울리는 자기실현의 욕망 같은 거네요. 자기 확장의 대표 인물로 누구를 생각하십니까?"

"1990년생 김연아입니다. 그 시절 그녀가 피겨스케이팅을 한 것은 사치에 속했지요. 하지만 그런 사치가 없었다면 우리가 자존심을 살릴 수 있었겠습니까?"

"그렇네요. 요즘 우리 정치계에 자기 확장인은 누구입니까?"

"이준석이 있지요. 요즘 나는 586세대의 막내 격인 공희준을 가끔 생각해요. 선배 586과 생각이 다른 것 같아서요."

"공희준은 어떤 사람이에요?"

"서영석이 대표였던 데일리 서프라이즈의 초대 편집장이래요."

"서영석은 누구지요?"

"그 사람은 인터넷 정치 플랫폼 서프라이즈를 만든 사람이래요. 그에 대해 들은 이야기도 있고 내 지인과 연루된 사건 때문에 어느 정도 아는 게 있어요."

"좀 들려주실래요?"

"노무현이 개혁에 박차를 가하던 2004년 6월 말과 7월 초 사이에 신문마다 인사 청탁에 관한 기사가 떴어요. 서프라이즈의 서영석 대표가 문화관광부 장관과 친한 사이인 것처럼 해서 한국종합예술학교 심모 영상원장을 통해 당시 문화관광부 차관에게 인사 청탁을 했다는 것이었어요."

"누구를 어디에 취업시키는 거였지요?"

"서 대표의 아내인 김 모씨를 성균관대학 교수가 되게 하려고 문화관광부 차관을 통해 로비를 했다는 겁니다."

"그래서요?"

"청탁을 받은 정진수 교수는 내가 누님처럼 모시는 이진희 여사의 남편이었는데 청탁을 거절했기 때문에 사건이 되었지요. 그 사건이 생긴 지 9개월쯤 지나 '마음고생이 심했겠어요'라고 인사를 하자 이 여사가 그간의 일들을 이야기 해주더군요."

"사건의 경위를 알게 되었군요?"

"정 교수는 문광부 차관이 청탁을 하니 청와대에 선이 닿는 사람을 통해 이게 무슨 일이냐며 타진해보았는데 아무 연락이 없자 언론에 터뜨렸다고 합디다. 그 결과 오 차관이 사표를 냈대요."

"그것으로 끝입니까?"

"내 지인은 '오 차관이라는 사람이 능력도 뛰어나고 인간성도 좋은 사람이라는데 미래를 망치게 한 것은 아닌가?'라는 우려와 미안한 마음이 생겼다고 합디다. 다른 한 가지는 그 사건이 끝날 무렵 과수원을 한다는 익명의 사람이 과일 한 박스를 보냈다는 거예요. 요즘 시대에 그런 교수가 있다는 것이 큰 희망이 되었다는 편지와 함께…."

"연루사건의 원인이 된 그 서영석에 대해 들은 말은 뭐지요?"

"서영석이 내가 나온 중학교 후배라는 말을 들었어요.

언젠가 만나볼지도 모른다는 생각을 했지요. 그리고는 잊고 있었는데 그와 함께 노사모 활동을 했다는 공희준의 책을 읽게 되었어요. 세월이 지나 서영석의 서프라이즈 멤버 중에 김경수 경남도지사가 연루된 드루킹 사건의 멤버가 있다는 말을 들었어요."

"서영석 씨도 자기 확장인으로 볼 수 있지 않겠어요?"

"그렇지요. 연줄을 통한 출세 기회를 노렸으니까요."

"자기 확장에도 여러 방법이 있겠네요. 공희준 씨의 문필 활동은 활발해요?"

"그런 것 같아요. 최근에 『리셋 대한민국』이란 대담집을 정리했고 『유시민, 이재명』이란 책을 편집했으며, 그 전에 『이수만 평전』을 공저로 냈습니다. 그 밖에 내가 모르는 책들도 많이 썼을 거예요."

"인사 청탁 때문에 차관직을 물러난 분의 근황은 어때요?"

"그분 이름이 오지철인데, 사직 후 왕성한 활동을 하고 있더군요. TV조선 대표와 한국관광공사 사장을 역임했고 하트−하트재단 이사장 등 화려합니다. 그분은 확실한 자기 확장인으로 볼 수 있어요."

"왜 그렇지요?"

"금융인에서 스포츠 엘리트로 변신했으니까요."

"젊은 시절의 경력은 어때요?"

"S대 법대 출신이고 한참 후배인 조국 전 법무부 장관과 박사과정 동기래요. 그분은 우리나라 체육계에 숨은 공로자로 업적이 많대요. '걸어 다니는 IOC(국제올림픽위원회) 사전(事典)'이라는 별명이 있다더군요."

"고시 출신이 아니었다는 얘기인가요?"

"그래요."

"체육계의 공로는 무엇이지요?"

"대한체육회 해외협력과장을 거쳐 체육부 해외 협력 담당관과 국제체육국장을 했는데 박정희 대통령이 88서울 올림픽 유치를 선언한 이후 1981년 9월 '바덴바덴의 기적'을 일구기까지 유력자들을 모시고 궂은일을 다 했답니다. 옛 소련과 동구권을 찾아다니기도 했고요. 2002 한일월드컵을 앞두고 정몽준 회장(대한축구협회)과 함께 스위스 취리히의 FIFA(국제축구연맹) 사무국을 문지방이 닳도록 찾아다녔답니다."

"박 대통령 때 올림픽 유치 선언을 했다는 것을 처음 들어요. 그분이 모셨다는 유력자들은 누구예요."

"대한체육회 회장 김택수가 첫 인물이었지요. 김 회장이 1977년 6월 16일 IOC 위원으로 피선될 때 그분은 28세로 대한체육회 '해외협력과장'이었죠. 김 회장이 오지철을 부르시더니 '너 참 곡괭이다'라고 하셨답니다. 경상도 사투리로 '재미있는 사람'이라는 뜻입니다. 외국계 은행에 다닐 때 월급이 당시로선 최고액인 13만8000원을 받았는데 체육회 과장은 8만4000원, 그러니까 월급이 반 토막인 곳에 근무하니 재미있다고 생각한 겁니다."

"본인은 그런 말을 듣고 태연했나요?"

"결혼도 안 했고 혈기방장(血氣方壯)할 때였으니 그냥 넘길 수 있었던 모양입니다. 김 회장께서 그분을 'IOC 스페셜 어시스턴트' 역할을 맡겼는데 그게 '가방모찌'면서 '해외담당 비서실장' 같은 거였지요. 그렇게 해서 IOC 위원들을 접촉하고 국제 스포츠계 지도자들을 만나게 된 겁니다."

"서울올림픽 유치에도 관여했겠네요?"

"우리가 1970년에 아시안 게임을 유치했다가 포기한 경험이 있어요. 경기장 지을 형편이 못 된 거지요. 그래서

86아시안게임을 유치하려 했대요. 그런데 위에서 아예 올림픽을 유치하라는 명령이 떨어졌답니다.”

“아시안 게임도 안 한 나라가 올림픽을 한다? 중국도 하지 못하고 있는데?”

“그렇게 된 배경에 대통령 경호실장을 지낸 박종규가 1978년 9월 24일부터 10월 5일까지 세계사격선수권대회를 태릉에 유치해 거둔 성공이 한몫했어요. 그게 국내 처음으로 세계선수권대회를 유치한 것이었대요. 1979년 2월 박종규 씨가 대한체육회 회장이 된 후 ‘까짓것 올림픽을 왜 못 해’ 하며 뛰어들었다고 합디다. 1979년 2월 취임한 박종규 회장은 한 달 뒤인 3월 15일 상위 기관인 문교부에다 올림픽 유치 건의서를 제출했고 그해 9월 21일 박정희 대통령의 재가를 받아냈다는 겁니다. 정상천 서울시장이 세종문화회관에서 내외신 기자회견을 열고 88서울올림픽 유치를 공식 선언한 날이 10월 8일이었고요.”

“그러니까 10.26 사건 18일 전이었군요.”

“그러게 말입니다.”

“원래 ‘88올림픽은 나고야’에서 하려던 것이었잖아요?”

“그랬지요. 그런데 우리는 남이 이미 만든 판을 뒤집어버리는 힘이 세대요. 바짓가랑이 붙잡고 못 간다. 나를 죽이고 가라. 아니면 나 먼저 가게 하든지. 이런 식으로 물고 늘어지는 겁니다."

"그분은 2002년 한일월드컵 유치에도 역할을 하셨나요?"

"1993년 김영삼 정부 때 유치 이야기가 처음 나왔는데 사실은 정몽준 전 의원의 아이디어였답니다. 그분이 1992년 체육청소년부 국제체육국장 할 때였는데 정 의원이 대한축구협회 회장에 당선되자 국제 체육국장 방으로 찾아와 유치 이야기를 했답니다."

"우리는 U20 청소년 축구대회도 못한 상태 아니었습니까?"

"그랬지요. 그런데 정 회장은 정주영 회장 못지않게 저돌적으로 덤벼든 거지요. 그래서 오지철은 국제체육국장을 두 번 했대요."

"우리나라가 국운이 상승할 때 그분은 중요한 역할을 했네요. 우리에게 앞으로 남은 큰 행사는 뭡니까"

"문재인 대통령과 김정은 정상회담에서 2032년 하계올림픽을 남북이 공동 유치하기로 했대요. 그때가 되면 오지철은 체육계 원로로 더 큰 일을 할 수 있지 않겠어요? 나는 오지철 씨가 계산형 인간을 뛰어넘은 점에 주목해요. 세상의 월급은 안정적이고 보수가 많다는 기준을 높게 치지만 심장을 뛰게 만드는 흥분 유발은 계산하지 않지요. 오지철 씨는 심장이 뛰는 일을 했으니 계산형 인간을 넘어서면서 존재의 의미를 발견한 주인공입니다."

그 말을 듣자 두마는 2021년이 '자관모발'의 해였다고 고백했다. 자관모발은 '자기에 대한 관심, 모성의 힘, 발견에서 희망으로'를 네 단어의 머리글자 조합으로 만든 거라고 했다. 두마는 자기와 관련된 책으로 『자기 인생의 철학자들』이 감명 깊었다고 하면서 말문을 열었다.

"첫 소개 인물로 윤여정이 등장한 것이 신선했어요. 그녀가 한 라디오 프로그램에 나와서 그녀가 부리는 사치에 당당하게 대응하는 것이 생각나더군요. '잘난 척이 어때? 비겁한 것보다 낫다'는 말입니다."

"그래요. 그녀는 에르메스, 샤넬, 반클리프&아펠 등의 명품 모두 자기가 벌어서 산 것이라고 했어요. 솔직하고 당당했지요."

"모발 이야기는 무슨 이야기인가요?"

두마는 빙그레 웃으면서 대답했다.

"모성과 발견의 힘에 관한 이야기지요. 우선 북한이 2009년 11월 30일에 화폐개혁을 하면서 구권 100원을 신권 1원으로 교환한 이야기를 해야 해요. 10만 원이 하루 아침에 천 원으로 변한 것이지요. 교환 가능한 금액은 세대 당 10만 원으로 한정되었고 나머지 금액은 은행에 맡겨야 했는데, 북한에서 은행은 예금 인출을 영구적으로 제한하는 곳이랍니다. 웃기는 얘기는 무역업자들이나 당 간부, 고위층들은 화폐개혁 이전에 북한 돈을 달러나 위안으로 교환했다는 겁니다."

"왜 뜬금없이 화폐개혁 이야기를 하나요?"

"내가 화폐개혁 이야기를 하는 것은 화폐개혁 이듬해 북에서 사촌 여동생이 딸을 데리고 한국으로 왔다는 것을 고백하기 위함이에요. 놀랄 만한 대사건이었지요. 아버지가 작은아버지를 만날 때 작은아버지는 가족 이야기를 하나도 하지 않더랍니다. 그런데 내일이면 북한으로 돌아갈 마지막 날 밤 두 가지 부탁을 하더랍니다. 상표를 뗀 여자 속옷과 달러를 구해서 밤 11시에 호텔 입구까지 오라는 거였지요. 그때 서울 사는 여동생이 맹활약을 해서 동네 가게의 문을 두드려 구할 수 있는 속옷을 사고 여기저기 전화해서 달러를 모았지요. 그것을 전달할 때 작은아버지가 작은 책자를 줘서 가져왔는데 그 속에 가족사진이 있었습니다. 좋은 집안 출신과 결혼하여 잘살고 있다는 말을 들었는데 외로워서 그랬는지 2남 4녀 6명의 자식을 두고 있었고 그중에 인민군에 복무 중인 사촌도 있었습니다."

"그것을 보니 마음이 어땠습니까?"

"갑갑하고 답답했습니다. 그런데 북에서 내려온 사촌 여동생이 우리 집 가족사진을 들고 어머니를 먼저 만났더군요. 어머니는 작은아버지가 준 가족사진을 들고 갔고요. 그렇게 한 번도 만나지 못한 조카와 큰어머니가 만난 겁니다. 나중에 나는 사촌과 조카딸을 만났지요. 만나서 이야기를 들어보니 고난의 행군 기간은 잘 넘겼지만, 화폐개혁이후 고생이 많았다고 합디다. 사촌으로부터 작은아버지가 돌아가셨다는 소식도 들었어요. 임종 며칠 전 고향 과수원의 사과가 먹고 싶다는 말씀을 하셨답니다. 북한은 사과 한 알이나 계란 하나가 쌀 1킬로그램 보다 비싸다고 합디다. 믿기 힘든 이야기였습니다. 더 황당한 것은 우리나라에서 공짜로 주는 화장품 샘플이 아주 비싸게 팔리고 있다는 겁니다."

"그런 일이 있었군요. 또 하나의 이산가족이 생겼네요."

"맞아요. 북한을 어떻게 보아야 할까요? 1970년대에 하루에 두 편씩 상영하는 영화관이 생각납니다. 〈미워도 다시 한번〉이란 영화를 보고 나서 잠시 쉬었다가 〈황야의 무법자〉를 보는 식이었어요. 기억에 남는 것은 잠시 쉬는 시간입니다. 그 시간에는 영화관에 불이 켜지고 음악이 나오는데 그 틈을 이용해 화장실도 다녀오지요. 그 막간 동안 경쾌한 소음의 세계가 열리는데 그것은 바로 껌 씹는 소리지요.

영화관 안에 손님들의 반 이상은 여성입니다. 그때 영화관의 여성들은 거의 모두 껌을 씹었어요. 짝짝 소리 내어 씹는 사람도 있었지만 짝 짜그짝 짝짝 식으로 박자를 만들어서 껌을 씹는 사람도 있었지요. 나는 아무리 씹어도 그런 소리를 낼 수 없었으나 여성들은 혀로 껌을 이리저리 굴리면서 작은 공간을 만들어 씹어서 짝! 짝! 하는 소리를 냈지요. 상상해 보세요. 영화관에서 100여 명이 넘는 여성들이 동시에 껌 씹는 소리를…. 그 소리는 많은 개구리가 동시에 울음을 우는 것과 비슷했지요. 신기한 것은 다음 영화의 시작을 알리는 벨 소리와 함께 불이 꺼지는 순간 껌 소리들이 순식간에 사라진다는 겁니다."

"북한 사람들이 우리의 1970년대 시절처럼 허기와 갈증 속에서 환상을 추구하고 있다는 말로 들립니다."

"맞아요. 북한은 자유가 없어 보고 싶은 영화를 볼 수 없어요. 껌조차 귀한 나라입디다. 하루하루 무엇을 먹고 어떻게 살아야 하는지부터 걱정해야 할 환경이지요. 우리가 70년대에 영화관에서 들을 수 있었던 껌 씹는 소리는 현실 탈출의 환상이 작열하는 강박적인 몸부림이었습니다. 그와 비슷하게 북한 사람들도 남조선에 대한 환상이 퍼지면서 목숨을 걸고 탈북하는 현상이 생긴 것 같습니다. 지금은 코로나 19 때문에 탈북이 거의 불가능한 상태가 되었지만."

"우리가 모르는 사이에 북한도 세상이 바뀌고 있는 모양이지요?"

"북한 여성들이 권위주의 문화에 반기를 들고 있다고 합디다. 그런데 말입니다. 권위주의 문화에 젖은 어머니는 사촌과 조카딸을 피붙이처럼 품더군요. 놀라운 모정이었습니다. 더 놀라운 것은 사촌 여동생이었습니다. 얼마나 억척스러운지 조카딸의 어학연수를 도우려고 캐나다로 따라가 일 년간 음식점에서 일을 하고 코로나19가 일어나기 1년 전에 귀국했습니다. 남조선에서 살면서 영어가 불편했는데 아예 대담한 초기 투자를 한 것입니다. 캐나다로 갈 때 어머니는 그동안 모아둔 쌈짓돈을 풀어 도와주셨더군요. 우리 집에서 귀국 파티를 해주었는데, 한국에서 살 때와 달리 때깔이 달라진 국제시민이 되어 있었습니다. 나는 나도 모르게 사촌과 조카의 이름을 자랑스럽게 불러줬습니다. 굳세어라 필순아! 꿈꾸어라 달래야!"

"그동안 사촌 얘기를 왜 안 했지요?"

"하지 못한 이유가 있습니다. 남은 가족들이 피해가 없도록 모든 소식을 비밀에 부쳐야 했기 때문입니다. 사촌은 자기 신분이 북에서 실종 처리가 되었고 3년이 지나면 자동으로 사망 처리가 된다고 하더군요. 그런 얘기를 듣고 난 후 나는 유튜브에 배나무 TV에 들어가 통자민들의 이야기를 많이 들었습니다. 그러면서 나는 발견의 힘을 실감했습니다. 통일 희망을 품게 된 거예요."

11

유쾌 지능과 보수 리모델링

어지러운 시대에 산을 찾는 마음은 허허롭다. 허람은 대학 동기인 남효와 가벼운 등산을 하며 우울을 달랬지만 희망 이야기를 나누기가 힘들었다. 그런데 함께 산행하는 동반자들과 심심풀이로 진주 이야기를 하면서 희망의 조짐을 찾았다. 진주 사람 이야기가 코로나19 시국을 푸는 아이디어가 될 수도 있다는 것을 알게 된 것이다.

'일이 안 풀릴 때도 웃어야 한다'는 말을 한 사람이 있었다. 남효와 산행을 다니게 된 동반자 유천이었다. 또 다른 동반자인 세송재 형은 나이가 들수록 감성을 부드럽게 해야 한다는 지론이 있었다. 남효, 유천, 세송재 형은 한때 같은 서당을 다녔다고 한다. 나이 들어서 한문 공부를 한 것이다. 그러면서 광주 출신의 남효는 남쪽의 원효가 되라는 의미의 이름을 얻었고, 어린 시절 진주에서 보내고 포항에서 자란 유천은 버들 류에 냇가 천을 합친 이름인 버들 내를 얻었고, 충남 예산 출신인 세송재 형은 세월을 보내는 집이라는 이름을 얻었다.

웃음과 감성의 부드러움을 이야기하다 보니 진주 사람들의 낙천성이 거론되었다. 진주는 조선시대 9대 도시에 속했고 38 이남에서는 6대 도시로 북쪽 개성보다 인구가 많았다. 일제 강점기가 되면서 부산, 대구, 인천, 목포, 원산, 광주 등이 등장하면서 진주는 10대 도시 밖으로 밀려났다. 그렇지만 진주는 아직도 전설이 살아 있는 신화적인 도시다. 그래서 대한민국 사람을 진주를 아는 사람과 진주를 모르는 사람으로 구분할 수 있다는 말이 있을 정도이다.

진주를 아는 사람은 우리나라 굴지의 대기업 창업자 3명이 진주의 한 초등학교 출신이라는 점을 말한다. 삼성의 이병철, 엘지의 구인회, 효성의 조홍제 등 3인이 진주 지수초등학교 1회 졸업생이기 때문이다. 그래서 지수면을 기업가 정신의 수도라고 부르기도 한다. 진주는 기후가 온화하고 물산이 풍부해서 예로부터 진주 부근의 숱한 인재들이 모여들었다. 의령 사람인 이병철과 함안 사람인 조홍제가 진주에서 초등학교를 나온 연유도 그렇다. 지수가 기업가 정신의 수도라면 이곳에서 싹이 튼 정신은 무엇일까? 이는 삼성, 엘지, 효성의 창업자들이 추구한 정신으로 유추할 수 있다.

얼마 전 삼성의 이재용 부회장은 5년 만에 미국을 방문하여 마지막 행선지로 실리콘밸리를 찾았다. 반도체와 완제품 세트 연구소인 DS미주총괄 DSA와 삼성리서치아메리카 SRI를 방문한 이재용 부회장은 새로운 당부를 했다고 한다. 추격하거나 뒤따라오는 기업과 격차를 벌리기만 하는 것으로 거대한 전환기를 헤쳐나갈 수 없다고 한 것이다. 그러면서 '불가능을 가능으로 만들어 아무도 가보지 않은 미래를 개척해 새로운 삼성을 만들어 가자'고 했다.

신문에서 그 소식을 본 허람은 이병철 회장의 정보 중시 경영을 떠올렸다. 이병철 회장은 일제 강점기 시절 정미업과 운수업으로 돈을 벌자 김해 평야에 40만 평의 땅을 샀고 그 후 1년간 200만 평을 사서 모은 적이 있었다. 그러나 이때 중일 전쟁이 일어나 일본 정부가 대출을 중단시켰다. 그 바람에 은행 대출로 토지를 샀던 이병철은 시가보다 훨씬 싸게 전답을 팔고 이미 궤도에 오른 정미소와 운수사업도 처분해야 했다. 이 사건을 통해 이병철은 사업을 할 때 반드시 시기와 정세를 맞추어야 한다는 교훈을 얻는다.

정보 중시 경영은 1960년부터 해마다 연말연시를 도쿄에서 보내며 정보수집을 하는 '도쿄 구상'으로 발전되었고, 1960년대 말부터 연인원 1만여 명을 미국, 유럽, 일본 등 선진공업국에 파견해 기업정보를 습득하게 하는 '지식경영'으로 이어졌다. 1983년 삼성이 반도체 사업에 진출하면서 도쿄와 미국 실리콘 밸리에 '정보센터'를 만들어 시대 변화에 맞섰다. 허람은 이재용 부회장의 당부를 '불가아미'정신으로 해석했다. '불가능을 가능으로 만들어 아무도 가보지 않은 미래로 가자'는 슬로건의 머리글자를 이은 것이다.

'불가아미' 정신은 엘지 창업자 구인회 회장에게서도 발견할 수 있다. 한국전쟁이 한창이던 1951년 락희화학공업사 사장이었던 구인회는 럭키 크림의 성공으로 재미를 보았지만, 용기 뚜껑의 파손으로 반품이 잇따르자 한국 최초로 플라스틱 제품 생산을 결정했다. 이때 지난 20여 년간 사업을 해서 모은 전 재산 3억여 원을 투자했다. 전쟁 중에 무슨 투자냐며 뜯어말리는 주변 사람들에게 구인회는 "어려운 일을 피하고 눈앞의 이익만 쫓아서는 안 된다"고 하면서 "남들이 하지 않는 사업으로 성공한다는 게 얼마나 보람찬 일인가!"라는 말로 설득을 했다고 한다.

'불가아미' 정신은 미래를 위한 인재 양성과 연결된다. 이 점에서 대한민국 산업 발전의 초석을 세운 조홍제 회장이 돋보인다. 조홍제 회장은 19살이 되어서야 중앙고보에 입학하여 신학문을 접했고 1945년 조국광복과 더불어 일본 호세이대학 경제학부를 졸업한 후 서울 명륜동에 터를 잡고 사업기회를 모색한다. 이때 인근 동네로 이사를 온 이병철을 만나 삼성물산의 자본금을 공동출자하는 형태로 동업 관계를 맺는다. 1962년 은퇴를 할 나이의 그는 동업을 청산하고 새로운 사업을 벌인다. 그후 효성중공업과 동양나이론을 성공시켰고 1976년 재정난에 빠진 동양학원의 이사장을 맡아 1984년 신부전증으로 영면하기 전까지 동양공전의 발전에 심력을 다 바쳤다.

지금까지 살펴본 것을 요약하면 삼성, 엘지, 효성 순으로 '불가아미' 정신이 부채꼴처럼 펼쳐졌음을 알 수 있다. 그렇다면 불가능을 가능으로 만들어 아무도 가보지 않은 미래를 개척하는 힘의 원천은 무엇일까?

허람은 엔서니 T. 디베네뎃이 쓴 『유쾌함의 기술』이란 책을 보면서 진주 사람들이 서로 어울리며 즐거워하는 지능이 탁월함을 떠올렸다. 학창시절에 경험했던 '묵고 내기' 축구가 그랬고 동네 어머니들이 봄날 유람을 즐기는 '훼치'가 그랬고 가을날 남강 모래밭에서 벌어지는 '소쌈놀이'가 그랬다. 쉽게 말해 진주 사람들은 즐기는 뇌가 발달해서 도전을 즐기고 미래를 대처하는 재주가 발달했다.

'묵고 내기'는 어린 시절의 별미였던 중국 음식 자장면을 먼저 먹고 나서 그 값을 축구에서 진 팀이 내는 게임이었다. 심판을 정하면 그가 팀별로 자장면 두 그릇 값의 돈을 걷어 게임을 붙이고 그 결과 이긴 팀에는 돈을 돌려주고 진 팀은 상대 팀의 자장면 값까지 내게 했다. 어떤 경우는 먼저 자장면값 내기 축구를 먼저 뛰고 난 후 자장면을 먹을 때도 있었다.

'훼치'는 매달 돈을 조금씩 모아 봄날을 맞아 전국 명승지를 유람하는 행사였다. 그 행사 기간만큼은 여성이 가사에서 해방되는 황금 기간이었다. 허람은 어머니가 훼치 계를 주도하여 제주도 관광까지 다녀온 것을 기억하고 있었다. 1960년대 당시 남자들도 가기 힘들었던 곳을 주부들이 다녀왔다는 것은 대단한 일이었다.

『유쾌함의 기술』이란 책의 본 제목은『플레이풀 인텔리
전스』였다. 그래서 유쾌함은 지능과 관련된 것이지 기술
과 관련된 것은 아니다. 책을 쓴 엔서니 T. 디베네뎃은 내
과 의사이면서 행동과학과 뇌과학의 신봉자이다. 그는 여
러 환자들과 나눈 교감을 바탕으로 유쾌지능의 발달은 상
상력, 사교성, 유머, 즉흥성, 경이감이란 5가지 자질과 연
결되어 있다고 소개했다.

그는 상상력을 소개하면서 1962년 소련과 미국이 치
열하게 대립했던 쿠바사태를 예로 들면서 미국 대통령인
존 에프 케네디의 상상력을 소개했다. 소련 수상이었던
흐루쇼프는 케네디보다 더 진지한 성격이었음을 밝히기
도 했다.

중요한 대목은 두 사람이 상대의 의중을 파악하는 과정
에서 상상력과 즉흥성과 유머 감각을 적절하게 구사했다
는 것이다. 국가의 운명이 걸린 전쟁을 다루는 과정에도
상상력과 즉흥성과 유머 감각이 작동된다. 그런데 민주주
의의 축제인 선거를 치르면서 울고 불고 으르렁거리는 모
습을 보면 하수들의 잔치를 보는 것 같아서 허람은 눈을
감고 싶을 때가 많았다.

엔서니 T. 디베네뎃은 경이감을 누리는 조건으로 삶에

서 일시 정지의 순간을 포착하라고 조언했다. 그 짧은 순간이 체내의 염증을 줄이고 심혈관 질환과 암을 예방하는 데 도움을 준다고 했다. 경이감은 또한 스스로를 재정비하고 숙고하게 하면서 더 많은 영감을 주고, 다른 사람을 더 신뢰하고 지지할 수 있게 한다고 했다.

허람은 함께 산행을 하는 유천을 보면 만년 소년처럼 늘 경이감을 만끽하는 사람 같았다. 그는 국내 최고의 재벌기업의 CEO 출신이었다. 그래서 허람이 아미 정신을 말할 때 방탄소년단의 아미 정신과 통하는 것 같다고 했다. 그러자 허람은 학창시절의 에피소드를 말했다.

"진주 사람들은 학력이나 경력보다 유력(遊歷)을 중시해요. 유력은 놀아본 경력이지요. 그런 점에서 진주 사람들은 지리산 기상으로 군대 가서 공 잘 차고 노래방에서 노래 잘하지요. 1971년 내가 다니던 고등학교에서 스승의 날 행사를 했는데 재학생 몇이 전자기타 연주를 했지요. 그룹 애니멀즈의 『해뜨는 집』을 연주했어요. 그때 연주자가 부족해 진주 시내 전문 연주자들을 불러 교복을 입혀 연주시켰는데 선생님들도 깜빡 속으셨어요. 그들의 장발을 가발로 알았던 것이지요. 박연욱이란 친구가 『딜라일라』를 불렀고 불어를 가르쳤던 유정호 선생은 오페라 토스카에 나오는 『별은 빛나건만』을 불러 박수를 받았어요. 전국 고등학교에서 전자기타그룹 사운드를 동원해 학교 행사를 했다는 말을 들은 적이 없어요. 우리 선배 기수 중에 그렇게 논 기가 없고 우리 후배 기수 중에 그렇게 놀아본 기가 없어요."

"놀이에 대한 탁월한 감각이 진주 사람들에게 있다는 말이군요."

"맞아요. 나는 누가 노래를 하거나 노는 것을 보면 앞으로 얼마나 크게 될지 한 눈에 보여요."

"거짓말 같은 얘기군요."

"한 가지만 이야기할게요. 내가 좋아하는 멘토 중에 이해익 선배가 있어요. 광고계 선배지요. 이분이 서울 상대 출신으로 경영컨설턴트로 활동했는데 머니투데이란 매체와 함께 CEO 연구포럼을 운영하면서 저를 연구위원으로 끌어들여 해마다 탁월한 경영자를 뽑아 시상하는 행사를 했지요. 2008년에 나는 회사 사장들에게만 상을 주지 말고 문화부문을 추가시키자고 제안했어요. 그러면서 박진영과 심형래를 추천했어요. 그해 12월 12일 오전 서울 중구 프라자호텔에서 그 두 사람이 황석영 작가로부터 문화

CEO상을 받았어요. 그런 일이 있고 나서 몇 년 지나 박진영은 자신이 강남에 10층 건물을 소유하리라고 상상도 못했다고 합니다. 자기가 키운 방시혁의 방탄소년단이 세계를 제패하리라는 것도. 하지만 나는 그의 미래를 미리 내다보았어요. 그런 점에서 저도 가요계의 미래를 내다보고 길을 터준 아미에 속해요."

"그렇군요. 맞습니다. 잘사는 나라를 만들고 싶으면 공부만 시킬 것이 아니라 놀 줄 아는 능력을 키워야 해요."

놀 줄 아는 능력이란 말이 나오자 남효가 한마디 했다.

"40년이 더 된 얘기인데, 국내에 있는 외국 대사관들을 찾아서 원서를 넣는 친구가 있었어. 왜 그러느냐고 했더니, 대사관에 근무하면 노는 날이 더블로 는다고 했어. 국내 기념일도 쉬고 본국의 기념일도 쉰다는 거야. 그때는 이상한 놈이라고 생각했는데, 지금 생각해 보면 그놈이 선각자였어. 나는 놀면 죽는다는 강박관념이 있어서 어디든 돈 많이 주면 최고라고 생각했지."

그러자 세송재 형이 한 말씀 했다.

"직장 은퇴하고 놀면서 살다 보니 노는 것도 능력이란 말이 맞아요. 체면 따지고 품위 찾으면 금방 외로워지니까요."

이에 유천이 색다른 지적을 했다.

"우리나라 보수정치인들이 편협한 이유가 놀아보지 못해서 그래요. 좌파는 운동권에서 투쟁하고 놀아 본 경험이 있어서 싸움의 기술이 몸에 배어있어요. 고시 공부만 했던 사람들은 노래방에 가보지도 못해서 자기가 부를 노래 번호를 누르지도 못하는 사람도 있대요. 놀아보지 못하고 살았으니 남을 위해 노래 번호도 눌러 주지도 않지요. 전쟁도 일종의 놀이이고 게임인데 적을 알지 못해 자신이 위태로운 지경에 놓이는 것을 예상하지도 않으려는 경향이 있지요."

그냥 우스운 이야기를 나누는 것처럼 시작된 이야기는 우리나라 보수의 문제점을 거론하는 단계로 이어졌다. 허람은 우리나라 보수는 절박함이 부족해 배팅을 못 한다는 말을 했다. 노름꾼을 자처하는 사람이었기 때문에 변곡점 관리에 초점을 둔 발언이었다. 세송재 형은 우리나라 보수가 야박한 점을 문제로 삼았다. 잘난 집안에서 자라 공부를 잘한 사람은 그렇지 못한 사람을 예사로 무시한다는 거였다. 대표적인 예로 노무현 대통령이 보수로부터 아예 인간 취급을 받지 못한 것을 들었다. 그는 지금 진보에게 당하고 있는 보수의 형국을 옛날 고사인 '죽은 제갈량(노무현)이 살아있는 사마중달(보수세력)을 괴롭히는 것'과 같다고 했다.

유천은 최고경영자 경험이 있어서 그런지 지금의 보수가 지닌 문제를 단박이라고 했다. 조급하게 서둔다는 의미였다. 보수를 자처할 정도면 시간을 길게 보고 운동장을 넓게 쓰는 전략 마인드를 가져야 하는데 시장 장사꾼보다 좁은 안목으로 일희일비하는 모습이라 리더십의 귀감이 될 인물이 없다고 했다. 남효는 지금의 보수 문제를 독박이라고 했다. 정치 기획을 잘하지도 못하고 과정 관리도 부실해 결과적으로 독박만 썼다고 평했다.

일도 즐기고 유쾌함도 누리면 좋다. 그런데 현실은 그렇지 않다. 정규직을 꿈꾸는 젊은이들이 많지만, 정규직 가운데 백수의 꿈을 꾸는 사람도 있다. 월 백만 원 수입만 받는다면 자유를 선택하고 싶다는 사람도 있기 때문이다. 그래서 청년 귀촌이 관심을 끌고 있다. 힘든 시대를 살면서 유쾌한 척이라도 하며 자기 연출을 해야 한다는 사람도 있다. 자기 연출은 영어로 셀프 어필이라고도 하는데 이는 주로 외모나 표정으로 하는 것이다. 이보다 더 센 것은 셀프 드라마타이징인데 이는 나를 드라마의 주인공으로 삼아 습관이나 행동 변화를 통해 나를 주인공처럼 보이게 만드는 것이다.

이 대목에서 허람은 지수초등학교 42회 출신으로 왕성하게 활동하는 친구 유해성의 예를 들었다. 그는 노래방에 갈 때마다 장미여관이 부른 『봉숙이』를 부르며 셀프 어필과 셀프 드라마타이징을 동시에 과시한다고 했다. 말하자면 그런 유해성이 독특한 스타의식이 있다고 했다. 그러자 남효가 물었다.

"스타의식이라면 폼을 잘 잡는다는 말인가?"

"폼도 중요하지. 남효는 달이 스타라고 생각하는가?"

"달은 지구의 위성 아닌가? 그래서 스타는 아니지."

"맞아! 스타의 조건이 뭔지 아는가?"

"모르겠는데?"

"내 친구 유해성은 스타의 조건은 스스로 타오르는 자가발전동력이라고 하더라. 남이 시키는 일을 잘해서 스타가 되는 것이 아니라 스스로 길을 개척해서 열정을 발휘하는 사람이 스타라는 거지. 자기 연출의 최고 달인은 지수에서 자라 전국적인 인물이 된 공중부양 허본좌 허경영일 거야."

12

자기 확장과 귀뚜라미

추석이 가까워졌다. 그래서인지 공기 중에 가을 냄새가 배어있었다. 이제 허람은 상식을 자기개념으로 소개할 궁리를 했다. 사람은 자신을 독립 개체이자 하나의 주인공으로 생각한다. 그러나 그것은 환상에 불과하다. 개인은 태어나기 이전에 어느 집안, 어느 부모, 어떤 장소의 조건이 나를 결정한다. 태어나면서부터 조건이 달라지는 것이다. 그래서 사람은 자기에게 주어진 조건들을 잘 편집하면서 모자이크 인생을 살 수밖에 없다. 이런 현실을 영국 작가인 서머셋 몸은 『면도날』이란 소설에서 이렇게 표현했다.

사람은 자기 자신만이 아니다. 그들은 자신이 태어난 지역이며, 그들이 걸음마를 배운 도심의 아파트나 농장이며, 아이 적에 놀던 놀이이며, 그들이 어깨너머로 우연히 들은 늙은 여인네의 이야기이며, 그들이 먹은 음식이며, 그들이 다닌 학교이며, 그들이 즐겨한 운동이며, 그들이 읽은 시이며 그들이 믿는 신(神)이다.

요즘은 자기라는 말을 자주 쓰지 않는다. 하지만 1970년대는 자기라는 말이 유행했었다. 연인들끼리 서로를 '자기'라고 부르면서 "자기는 자기 말고, 자기를 자기라고 불려주는, 자기 같은 자기가 있어? 자기?"라는 말을 했고 "자기 멍게! 자기 말미잘!" 등의 별명을 지어 부르기도 했다. 그런데 신기하게도 최근에 북한에서 자기라는 말을 쓴다는 얘기를 들었다. 군대에서 상급자가 하급자에게 전화할 때 전에는 "야!"라는 말로 먼저 기세를 잡았는데 요즘은 "자기 뭐해?"라는 은근한 말을 한다는 것이다. 남한 영화나 드라마 영향을 받았다는 뜻이다.

자기는 나를 세상의 가치관에 비추어서 나를 들여다보는 거울 같다. 때로는 유행하는 말이 거울 역할을 하기도 한다. 과거 있는 여자는 용서할 수 있지만 못생긴 여자는 용서할 수 없다는 말이 있는가 하면 못생긴 여자는 용서해도 뚱뚱한 여자는 용서하지 못한다는 말들이 그렇다. 말 같지 않은 말이지만 그런 말이 정답처럼 받아들여지기도 한다.

사람이 자기를 아는 일은 쉽지 않다. 내가 보는 나와 남이 보는 내가 다르기 때문이다. 그래서 사람은 자기 마음 속의 '참 자기'를 찾으면서 내림표 인생도 살 줄 알아야 한다. 허람은 자기개념을 잘 보여 주는 사례로 『가시나무』 노래 가사를 생각했다.

내 속엔 내가 너무도 많아 당신의 쉴 곳 없네. 내 속엔 헛된 바램들로 당신의 편할 곳 없네. 내 속엔 내가 어쩔 수 없는 어둠 당신의 쉴 자리를 뺏고. 내 속엔 내가 이 길 수 없는 슬픔 무성한 가시나무 숲 같네.

가시나무 가사는 목사로 활동 중인 하덕규가 썼다. 발표 후에 10년이 지나 부활하여 널리 퍼진 노래다. 노래 속의 가시나무는 가시가 많은 나무이다. 그러니까 내 마음속에 가시가 많으면 소중한 당신을 받아들이지 못하고 내 마음 은 내가 이기지 못하는 가시나무 숲이 된다는 얘기다.

당신을 받아들이는 내 마음이 중요하다. 이 말은 집권

자가 전임 정부를 받아들이는 경우에도 해당된다. 나는 전임자와 다르다는 차별화를 만능의 전략으로 믿을 때 문제가 발생한다. 전임 정부도 잘한 것이 있다. 그것을 계승하는 것도 필요하다. 그런데 정치인들은 남이 한 것에 흠집을 잡고 자기가 하면 엄청난 기적을 이루는 것처럼 과장을 한다.

왜 사람은 과장을 할까? 그런 의문을 품다 보니 허람은 '과장을 운명처럼 수용해야 한다'고 생각했던 광고인 시절이 떠올랐다. 광고의 역할을 '공작 수컷이 날개를 펴는 것'으로 정의한 사람이 있었다. 광고가 유혹임을 강조한 말이다. 공작의 수컷은 암컷에게 잘 보이게 유혹하려고 날개를 편다. 그런데 공작이 펴는 것은 날개가 아니라 위꼬리덮깃이라고 한다. 공작의 꼬리 쪽에는 눈동자 모양 무늬가 여럿 있는 위꼬리덮깃이 자라 있다. 그것을 펼치면 부채처럼 화려한 장면이 연출된다. 그런 장면을 펼치려고 애쓰는 사람은 누구인가? 문재인 정부 인사들 중에 자기 과장의 덫에 빠진 사람들이 꽤 있었다.

두마는 조국 같은 사람이 왜 망신을 당하는지 이해하기 힘들었다고 말한 적이 있었다. 그때 허람은 자기 과장의 덫 때문이라고 말했었다. 자기는 나 자신을 이루는 여러 요인의 복합체이므로 그 복합체의 결합 상태를 수시로 점검하고 성찰해야 하는데 불행히도 조국은 자기 결합체를 완벽하다고 착각한 것이다.

　사람은 누구나 자기 과장의 본능이 있다. 그런데 그 본능을 실현하려면 남이 나를 보는 나를 먼저 깨달아야 한다. 그렇게 하면 자기 확장에 성공한다. 그렇게 하지 못하면 추한 자기 과장의 주인공으로 전락한다. 그렇듯이 자기 성찰이 자기 확장과 자기 과장 사이의 브레이크 역할을 한다. 브레이크 기능이 무너지면 통제가 불가능한 심리상태가 된다. 뇌과학 용어를 빌려서 말하면 '귀뚜라미 부재 증후군'에 걸리는 것이다. 디즈니 영화 〈피노키오〉를 보면 귀뚜라미가 나온다. 귀뚜라미는 피노키오에게 이렇게 말한다.
　"난 네가 참과 거짓을 구분할 수 있도록 도와주는 작은 목소리란다."
　누가 귀뚜라미의 작은 목소리를 듣는가? 『좋은 뇌를 위대하게 만들기』란 책을 낸 대니얼 G.에이멘은 전전두엽이 발달한 사람은 의식이 맑아서 남의 마음을 헤아릴 줄 안다

고 했다. 전전두엽이 발달했다면 앞이마가 튀어나온 앞짱
구를 연상하면 된다. 앞이마가 발달하지 못하면 남의 마
음을 모르는 사람이 되기 쉬워 '피노키오의 귀뚜라미 부재
증후군'에 걸리기 쉽다.

왜 사람들은 '귀뚜라미 부재 증후군'에 걸리는가? 허람
은 우리나라가 공부 잘했던 사람을 인정하는 풍토가 '귀뚜
라미 부재 증후군'을 만든다고 보았다. 그러다 보니 소모
적인 경쟁 분위기가 생기고 무조건 이긴 사람이 나만 최고
라는 의식을 하면서 전전두엽에 발달할 기회를 놓치는 것
이다. 그렇게 되면 양심이 흐려지고, 충동적으로 변하며,
집중시간이 짧아지며 마음의 중심과 체계를 잘 잡지 못한
다. 마음속으로 들어야 할 귀뚜라미 소리를 듣지 못하는
것이다.

허람은 '언제 처음으로 귀뚜라미 울음소리를 들었을까?'
라고 생각해 보았다. 그러자 복학생으로 전두환 집권 초
기를 맞을 때가 생각났다. 사람들은 광주에 대해 침묵하
고 있었고 대학에는 사복을 입은 군인들이 떼를 지어 구석
구석 진을 치고 있었다. 그럴 때 허람의 가슴을 울린 것은
서관 건물의 차임벨 소리였다.

새야 새야 파랑새야.

녹두 밭에 앉지 마라.

녹두 꽃이 떨어지면

청포 장수 울고 간다.

천도교주 손병희는 한때 허람이 다니던 대학을 경영했다. 그래서 대학에 그의 흉상도 있었고 동학 운동의 주역인 전봉준을 기리는 노래가 매시간 시계탑에서 울렸다. 그 우울하고 답답한 시절 허람은 '전국대학생 인문분야 논문 대회' 공고를 보았다. 그 공고를 보자 '지금 이러고 있을 때가 아니야!'라는 경고음이 들렸다. 귀뚜라미 소리 같은 거였다. 그래서 그동안 배운 성격 심리학 이론 중에서 '성숙 인격론'을 바탕으로 백범 김구 선생을 조명하고 싶었다.

논문을 쓰기 위해 허람은 『백범일지』를 자세하게 읽어야 했다. 책을 읽어 보니 백범은 치욕의 시대를 살면서 민족을 뜨겁게 사랑한 사람이었다. 그리고 백범이 추구한 민족주의는 요즘 사람들이 비난하듯이 편협한 것이 아니었다. 양반과 상놈으로 신분이 나뉜 시대에서 민족주의는 우리가 한 동포임을 각성시키는 해방의 구호였다. 『백범일지』를 읽고 나니 '냉동 시대를 녹인 뜨거운 용광로' 백범 선생이 허람을 보고 빙긋이 웃으시며 말씀하셨다.

"이제 내가 못한 말들을 네가 해보려무나!"

허람은 『백범 김구 선생의 인격』이란 논문을 완성하여 장려상을 수상했다. 김상협 총장으로부터 상장을 받으며 악수를 했을 때 민족의 미래를 바꾸고 싶었던 청년 시절의 꿈이 떠올랐다. 그날 그는 오랜 꿈의 첫 단추를 채운 느낌이었다.

두 번째로 귀뚜라미를 들었던 순간은 대학을 졸업하고 7년이 되던 해인 1988년이었다. 그 전해 허람은 4년간의 직장 생활을 중단하고 대학원에 다니면서 석사학위 논문을 마쳤다. 그리고 연세대생 이한열의 억울한 죽음에 분노한 시청 앞 광장 데모에 참석했다. 며칠 뒤 6·29 선언과 동시에 허람은 한국 G연구소에 부장으로 입사했다. 그해 16년 만에 치러진 대선에서 국내 최초로 한국 G연구소가 했던 여론조사가 세상에 공표되었다. 오랜 시간 선사시대에 잠들어 있던 여론조사가 깨어나 비로소 역사시대로 진입하는 기분이었다.

1988년 봄 G연구소장은 허람의 부서를 별도의 회사로 분리시켰다. 회사가 노조 운동으로 들썩거리자 취한 긴급

처방이었다. G연구소장은 의심이 많고 없는 말을 지어내 상대방을 감기 때문에 구렁이란 별명이 있었다. 소장이 보기에 허람은 노동조합을 주동한 선동자였다. 노조 간부 4명 가운데 3명이 허람의 부서에서 나왔기 때문이었다.

　그때 허람은 선택의 갈림길에 서 있었다. G연구소장이 분사시키려는 회사의 경영을 맡으라고 유혹했기 때문이다. 40여 명의 직원들과 함께 새로운 회사의 경영을 맡을 것인가? 아니면 나 혼자 편하게 살 수 있는 직장을 구할 것인가? 그런 고민으로 지내던 어느 날 사직동 사옥에서 밖을 내려다보니 간밤에 온 비 때문에 떨어진 벚꽃들이 아스팔트 위에 은하수처럼 흩어져 있었고, 초여름의 푸른 하늘에는 흰 구름이 덩실덩실 떠다니고 있었다. 그것을 보는 순간 허람은 구름처럼 살고 싶었다. 그러자 신기하게도 구름이 허람에게 말을 걸었다.

　"네 돈을 들이지 않고 경영을 해보는 기회인데 무엇을 망설이느냐? 나처럼 푸른 하늘에 마음껏 그림을 그려보아라!"

　허람은 구름의 소리를 듣는 순간 점화를 기다리는 폭탄처럼 '이참에 한 번 경영에 뛰어들어 볼까?'라는 심정이 꿈틀거리게 되었다. '에라! 모르겠다'는 심정으로 결정을 내

리자 어디선가 귀뚜라미 울음소리가 들리는 것 같았다. 그의 나이 36살 때였다. 1988년 9월 21일 서울올림픽 5일 뒤 김영남 선수가 74Kg 그레코로만형 레슬링으로 첫 금메달을 안겨준 날, 허람은 새로 창업한 조사회사의 개업식을 열었다. 돌이켜보면 허람의 젊은 날은 자기 확장 모델을 따르는 날들이었다.

자기 확장 모델(Self-expansion model)에는 두 가지 핵심 원칙이 있다. 첫 번째는 인간은 자기 확장에 대한 동기가 있다는 것이고, 두 번째 원칙은 개인이 다른 사람을 자기 안에 포함시키는 친밀감을 통해 자기 확장을 한다는 것이다. 그때 허람은 백범 선생이 자기를 품었던 꿈을 떠올렸고 자신도 직원들을 껴안고 경영위험을 감수하기로 했다.

사람의 동기가 자기 확장에 집중될 때는 언제인가? 허람의 경우 자기 밖의 상황이 예상과 다르게 전개되었을 때였다. 그럴 때 '나는 누구인가?'라는 질문을 하게 되고 지금까지의 삶과 다른 길을 모색했다. 그러면서 '지금 여기, 이 순간'의 현실을 다른 각도로 보기도 했다.

사람은 살면서 몇 번이나 귀뚜라미 울음소리를 들을까? 남의 인생을 보면 마치 정해진 판을 따르듯이 착착 진행된 것처럼 보인다. 그러나 정작 당사자는 변곡점의 순간마다 숱한 고민을 하면서 밤을 새우며 하룻밤에 기와집을 열 채 이상 지었다가 부수기도 한다. 자기 확장을 하기 전에 자기를 점검하는 몸부림의 시간을 거쳐야 하기 때문이다.

귀뚜라미 울음소리는 나 아닌 다른 사람의 스타일에서 듣는 경우도 있다. 그래서 사람은 새로운 일을 할 때 먼저 일한 사람의 방식을 알아보아야 한다. 그런 자세로 일을 습득하고 난 후라야 나만의 방식과 나의 스타일을 보여줄 수 있다. 선 인정 후 습득이 일을 잘하는 비결인 것이다.

박근혜 대통령은 창조경제를 주창했는데 무엇이 창조경제인지 모르는 사람이 많았다. 박근혜의 창조경제, 안철수의 새 정치, 김정은의 생각은 세계 4대 성인도 모르는 미스터리란 말이 있었다. 그때 허람은 김대중 대통령의 지식경제를 떠올렸다. 그러면서 박근혜 대통령이 지식경제를 계승하면서 신지식경제로 발전시키면 어땠을까? 하는 생각을 했다. 그것이 곧 자기 확장의 길이라고 생각했기 때문이다.

13

별의 순간과 거듭나기

2021년 11월 5일 야당의 대선 후보로 윤석열이 당선되었다. 이날을 기념 삼아 두마는 조은산이 낸 책 『시무 7조』를 샀다. 두마는 작년에 진인이란 이름으로 올린 상소문을 신문에서 읽었다. 그런데 진인 조은산이 올해 8월 책을 냈다. 그 소식을 늦게 알았을 때 두마는 조은산 역시 자신처럼 상식의 세상을 꿈꾸었을 거라고 직감했다. 그 직감은 사실이었다. 『시무7조』란 책의 띠지에 적힌 조은산의 말이 눈에 띄었다.

"나는 여전히 글을 쓴다. 상식이 지배하는 세상을 향한 열망이 아직까진 내게 남아 있기 때문이다."

조은산의 책은 금방 읽을 수 있었다. 그의 책은 억울함과 부당함 그리고 불평등을 생생하게 펼치고 있었다. 두마는『시무 7조』를 한 줄로 요약할 수 있었다. 그의 책은 '가난이 부끄럽지 않은 세상을 찾는 몸부림'이었다. 책의 성격은 시대를 돌아보는 '구라'라고 할 수 있었다.

두마는 허람과 나눈 '구라'가 생각났다. 조은산의 상소문은 일종의 고급 구라였기 때문이다. 허람은 한국에서 남자로 살려면 뻥이나 구라를 구사하지 못하면 아주 불리하다고 했다. 그러면서 우리 조상들도 '남자가 집을 나설 때 거짓말을 준비하고 나가라'는 속담이 있다고 했다. 두마는 이에 동조하면서 친구 아버지 이야기를 했다.

"내 친구 아버지가 3성 장군으로 예편했는데 전두환이 베트남에서 연대장을 할 때 육영수 여사의 위문편지를 받았답니다. 그러자 그것을 복사해서 윗사람이나 동료에게 보여 줬답니다. 군대 같은 계급 집단에서 대단한 약발이 먹히는 이야기지요. '나 이런 사람이야'라는 것을 각인시킨 셈이니까요. 그런 일을 겪은 친구 아버지는 전두환이 앞으로 큰일 저지를 사람이라고 보았답니다. 전두환이 육영수 여사에게 계속 안부 편지를 올렸기에 그런 답장을 받은 것 아니겠습니까?"

그때 허람은 전두환이 경복궁을 지키는 30경비단에서 중령으로 근무할 때 육 여사를 잘 모신 적이 있다고 했다.

그러면서 육 여사의 답장을 자기 과시로 이용한 것은 일종의 구라였다고 했다.

국어사전에는 구라를 '이야기를 속되게 이르는 말'이라고 풀이되어 있다. 어원을 추측하면 입을 뜻하는 구(口)란 한자에 비단 라(羅)를 연결한 단어로 생각하기도 한다. 입에서 나오는 비단이란 뜻이었다. 어감만으로 일본어라고 단정 짓는 사람도 있는데 아니라는 의견이 더 많다. 인도의 대승불교 스님인 용수가 쓴 『대지도론』에 구라라는 곤충이 나온다고 한다. 구라라는 곤충은 몸뚱이는 미세하지만, 바람을 받으면 커져서 모든 것을 삼켜버린다고 한다. 그렇듯이 사람도 거짓말을 하면 한 번으로 끝내지 못하고 거짓말이 거짓말을 낳아 감당이 안 된다. 그래서 거짓말을 구라로 비유해서 쓰게 된 것이라는 이야기도 있다.

『꼬방동네 사람들』이란 소설로 유명한 전직 국회의원 이철용 씨는 구라를 세 종류로 나누어 '쌩 구라', '날 구라', '왕 구라'로 소개한다. '쌩 구라'는 팩트를 실감나게 비틀어 말하는 거고, '날 구라'는 믿거나 말거나 관계없이 하는 것이고 '왕 구라'는 아름다운 구라라는 것이다. 문익환 목사가 서울역에 가서 '평양행 기차표를 내 놔라!'는 말처럼 불가능하면서도 힘이 있는 게 바로 '왕 구라'라는 것이다.

구라를 방석 구라와 칠판 구라로 나누는 사람도 있다. 방석 구라는 술집의 방석에 앉아서 하는 구라인데 여기에 해당하는 3대 인물이 백기완, 방배추(본명 방동규), 황석영이라고 한다. 칠판 구라는 강의실에서 하는 구라인데 여기에 해당하는 3대 인물이 양주동, 김용옥, 유홍준이라고 한다. 두마는 홍준표가 국민의 힘 대선 후보가 될지 허람에게 물어본 적이 있다. 그때도 허람은 구라 이야기를 했다.

"홍 후보는 구라를 남발해서 초점을 분산시켰어요. 동서남북 마구 쏘아대는 바람에 자기를 실없는 사람처럼 만들었어요."

그러면서 허람은 이런 말을 했다.

"구라는 뻥이나 배짱과 연결해 영어로 비앤지(B and G)라고 하지요. 남자의 운명은 비앤지(B and G)에 달려 있어요."

윤석열이 대선 후보가 된 것은 무슨 의미일까? 두마는 윤석열이 별의 순간을 잡은 것이라고 보았다. 정권 교체의 열망을 살려줄 구원투수로 윤석열을 택했다는 뜻이다. 우리가 일상에서 직성이 풀린다는 말을 하는데, 이는 천문학 용어로 태양계를 돌고 있는 큰 별들이 일렬로 배열되는 상태를 말한다. 그런 기회가 윤석열에게 주어진 것이다.

별의 순간을 경험한 사람은 얼마나 될까? 두마는 조은산이 상소문을 써서 자기 신념을 밝힌 것도 별의 순간이라고 보았다. 실제로 그는 『시무7조』란 책에서 '별의 순간은 누구에게나 주어지는 삶의 대전환'이라고 했다. 조은산에게 별의 순간은 인권 변호사에서 정치인으로 변신한 노무현을 알게 된 순간이었다.

몇 년 전 허람은 사람이 살면서 경험하는 인생 변곡점을 '별의 순간'이라고 했다. 그때 허람은 자신이 창업 이사가 되었을 때가 별의 순간인 것 같다고 했다. 그러고 나서 3년 뒤 허람은 또 별의 순간을 맞았다고 했다. 한창 바쁘게 살 때였다. 어느 날 '이게 아닌데?'라는 자책의 날을 맞아야 했다. 무슨 서류를 뗄 일이 있어서 평소와 다르게 일찍 퇴근해 집으로 들어가던 중 동네 놀이터에서 놀고 있는 둘째 아들을 보았다고 한다. 짠! 부자지간이 낮에 눈을 마주친 적이 얼마나 오랜만이던가! 녀석도 놀란 표정으로 놀다 말고 우뚝 서서 아비를 보고 있었다. 그때 함께 놀던 아이가 손을 끌자 둘째 아들이 이런 말을 했다고 했다.

"저거 우리 아빠다. 우리 아빠 안경 썼다."

그날 허람은 가슴 속에서 공들여 쌓은 탑이 무너지는 소리를 들었다고 했다. 갑자기 눈물이 핑 돌면서 이런 생각이 들었다는 것이다.

"내가 무슨 나라를 구한다고 자식에게 '저거'라는 소리를 들을 만큼 무심하게 살았던가!"

TV에서 보듯이 아빠! 하면서 달려와 안기기를 기대하지는 않았지만 그래도 아빠! 하면서 불러 주기를 기대했다고 한다. 타인처럼 취급당한 그날! 허람은 일 중독자에서 벗어나는 길은 회사를 떠나는 것뿐이라고 확신했다고 한다. 하지만 허람은 신설 회사가 어느 정도 궤도에 들어서기까지 직장에 매달릴 수밖에 없었다. 그제서야 허람은 자신의 나이가 마흔에 가까워진다는 것을 깨달았다.

40이란 엄청난 숫자와 마주한 허람은 중학생 시절을 떠올렸다고 한다. 그 시절에는 일거리가 없어서 40이 되면 평상에서 쉬면서 노인 흉내를 내는 사람이 많았다. 어느 날 친구 몇이 몇살까지 살면 좋은지를 얘기했을 때였다. 한 친구가 '그래도 마흔까지는 살아야 하지 않겠어?'라고 말했다. 그러자 다른 친구가 반박했다고 한다.

"야! 구질구질하게 어떻게 마흔까지 사냐? 그 안에 자살하는 게 낫지."

그 시절에는 굵고 짧게 살자는 말이 유행했었다. 그래서 나이 든 사람을 구질구질하다고 말했다. 그런데 정작 허람이 그런 나이에 도달했다는 사실을 깨닫자 아찔했다. 뭐하나 이루어놓은 것도 없었고 그렇다고 해서 자살을 할 심정도 아니었다.

그 일이 있고 나서 얼마 뒤 허람은 별의 순간을 맞았다고 했다. 동창들과 여름 휴가로 백령도에 가서 별에 취했다는 것이다. 그곳의 별은 멀리 있는 것이 아니라 머릿속에 박히듯이 달려들었다고 했다. 그날 그는 별들의 합창 소리에 취했다. 허람은 하늘이란 세숫대야에 머리를 담은 것 같았고 그때 온갖 별들이 짤랑거리며 춤을 추고 있었다. 그날 허람은 그가 별이 되었는지 별이 허람이 되었는지 모를 정도로 흠뻑 취했다. 사람이 별을 보고도 취할 수가 있다는 느낌은 새로운 경험이었다.

허람은 백령도에서 돌아와 한동안 별의 충격으로 멍하게 지냈다. 그때 그는 이 의원이란 사람이 이제마의 사상을 근거로 환자를 진료한다는 기사를 보았다. 그 순간 백령도에서 보았던 별들의 합창 소리가 들렸다고 했다. 그길로 그는 의사를 찾아가 체질진단을 받고 책도 한 권 얻었다고 했다. 그 책에서 이 의원이 서울공대 다닐 때 데모를 하여 끌려가 구타를 당했는데 수사관이 '이놈은 데모 체질이라 맞아야 한다'는 말을 들었다는 얘기가 있었다. 구타 후유증으로 고생을 하던 그는 서울대 해부학 교수인 이명복을 만나 체질 치료를 받으면서 몸이 좋아지자 스스로 사상의학을 공부하게 되었다. 신기하게도 그가 전생에서 사상의학을 공부했던 것처럼 머릿속으로 지식이 쏙쏙 들어왔다고 했다.

두마는 허람과 함께 사무실을 운영할 때 그가 체질 자가 진단 모델을 만드는 것을 옆에서 보았다. 왜 시간과 돈을 들여 그런 일을 하느냐고 하자 그는 이제마의 스승인 한석지가 쓴 『명선록』 중의 한 구절을 소개했다.

"타고난 본성을 밝히지도 못하고 몸을 성실히 하고자 하는 것은 맨 발인 채로 땅을 보지 않고 다니는 것과 같다."

허람은 한 걸음 더 나아가 한석지가 본 성인의 모습도 알려 주었다.

"열심히 밭을 가는 일은 말이 소만 못하고, 타고 달리는 편안함은 소가 말보다 못하다. 대개 사물은 한 가지 좋은 점은 있으나, 만물의 좋은 점을 통솔하는 것은 사람이다.

성인은 만물로 하여금 각각 그 선(善)을 다하여 저마다 자기 본성을 이루도록 한 것이다."

허람은 백령도를 다녀와 사람의 변신은 본래의 본성을 찾아가는 자기발현임을 알았다고 했다. 사람이 어느 날 갑자기 변신하는 것이 아니라 자기도 모르게 축적된 정보가 어느 순간 발현되는 것이라는 얘기였다. 그러면서 허람이 3당 합당을 예측했다는 이야기를 했다.

"아니? 3당 합당을 미리 내다 보았다고요?"

그러자 허람은 담배를 꺼내 불을 지핀 다음 말문을 열었다.

"그랬지요. 그 얘기를 조사회사 사장에게 하고 기획조사를 제안하기도 했어요."

"어떻게 3당 합당을 예감했는지 궁금하네요."

"간단해요. 김영삼 성격에 답이 있었으니까요."

"성격 속에 답이 있다?"

"나는 초등학교 4학년 여름방학 때 안양에서 경남 진주로 갔어요. 그곳에서 고등학교까지 졸업했는데 그러면서 경상도 사람들의 성격이 특이하다는 것을 알았지요."

"경상도 사람 성격이 3당 합당을 만들었다는 이야기인 가요?"

"그런 셈이지요. 경상도 사람들은 '가오'라는 말을 좋아합니다. 막판 자존심을 '가오'라고 할 수 있지요. 김영삼은 노태우가 대통령이 된 이듬해 봄 1988년 13대 총선에서 59석을 얻어 3당이 되었고 김대중의 평화민주당은 70석으로 원내 제1야당이 되었습니다. 김영삼의 민주당은 평화민주당보다 더 많은 표를 얻고도 3당이 된 겁니다."

"그 원인이 뭔가요?"

"중선거구제에서 소선거구제로 전환한 것 때문이지요. 양김이 6·29선언을 끌어내고 대통령 직선제를 골자로 헌법을 바꿀 때 김대중이 소선거구제를 고집합니다. 대선에서 떨어진 김대중은 정치생명이 끝날 위기를 맞아 17년 만에 치른 소선거구제 선거에서 승리해서 기사회생한 겁니다."

"제2야당이 된 김영삼은 '가오'가 무너졌군요."

"맞아요! 김대중과 김영삼은 서로 공통점이 있어요. 내가 아무리 못나도 너보다 내가 잘났다는 생각이지요. 김영삼은 김대중을 그렇게 생각하고 김대중은 김영삼을 그렇게 생각했어요. 김영삼은 제2야당으로 살 수 없는 체질이에요. 그래서 3당 합당에 응한 겁니다."

"정치 현실이 3당 합당을 원했잖아요?"

"맞아요. 노태우는 1988년 2월 25일 13대 대통령으로 제6공화국을 출범시켰으나 총선 결과 여소야대를 맞았죠. 그러다 보니 국정 장악력이 떨어졌고 정치판은 3김(김영삼, 김대중, 김종필)이 주도하고 있었지요. 그래서 1990년 1월 합당을 해서 거대 여당인 민주자유당(민자당)을 만든 겁니다."

"3당 합당을 예측하는 무슨 방법이 있었습니까?"

"정보 전략의 일종입니다. 정보 전략은 어떤 핵심 단서를 찾아 그 단서가 이어지는 흐름을 추적하는 겁니다."

백령도에서 별을 본 후 허람은 "내가 만약 10년을 내 마음대로 살 수 있다면 무엇을 할까?"라는 생각을 했다고 한다. 그러면서 그는 해 보고 싶었지만 하지 못했던 것을 세어보았다고 했다. 일 중독자로 살다 보니 무심하게 대했던 자식들과의 여행을 다니는 것이 가장 먼저 떠올랐고 두 번째는 박사 공부였고 세 번째로 작가가 떠올랐다. 박사 공부는 늘 시간에 쫓기면서 충분하게 하지 못했던 공부에 대한 미련 때문이었고 작가는 어릴 때 꿈이었던 그림 표현 욕망을 글로 대신하려는 거였다.

나이 40을 접하면서 버킷 리스트를 작성해본 허람은 과감하게 직장을 그만두고 박사과정에 진학했다. 마흔 살의 반란이었다. 성경을 보면 40이란 숫자는 변곡점의 의미가 있다. 노아의 홍수는 40일 밤낮으로 진행되었다. 모세가 십계명을 받기 위해 시내산에서 보낸 기간도 40일이었다. 이스라엘도 40년 광야 생활을 했다. 예언자 엘리야도 40일 밤낮을 걸어 하나님의 산 호렙으로 갔다. 예수 역시 광야에서 40일간 금식을 했다.

평범한 시민 조은산도 우리 나이로 마흔에 변신을 했다. 두마는 허람이 이제마를 만난 것도 마흔 살에 변곡점을 찾은 것으로 보았다. 이제 허람은 마흔의 변신 이후 29년을 넘겼다. 아마도 그는 상식이란 글을 쓰는 것도 오랜 은둔에서 벗어나 자기를 발현하려는 것 같았다.

오래전 허람은 예수님을 기공사라고 소개한 적이 있었다. 갈릴리 해변에서 구릿빛 팔뚝을 자랑하며 그물을 끌어당기는 한 남자에게 다가가 등을 두드리며 던진 딱 한 마디가 세계사를 바꾸었다.

"세상을 낚는 어부가 되어보지 않겠소?"

그 말을 들은 사람은 잡아당기던 그물을 그대로 두고 예수님을 따라나선다. 예수님이 베드로 심장 속에 숨어 있던 뜨거운 불씨를 발견하고 점화시킨 것이다. 그렇듯 사람은 다른 사람으로부터 별의 순간을 얻기도 한다.

허람은 두마의 인생을 '사건과 변신'으로 소개했다. 한 치도 어긋나지 않은 지적이었다. 그렇다면 두마는 허람의 인생을 어떻게 요약할까? 그것은 바로 '도전과 거듭나기'였다. 두마가 보기에 허람은 늘 도전하는 사람처럼 보였는데 그의 이야기를 들어보면 도전으로 인해 깨닫는 성찰이 더 많은 것 같았다.

도전의 길을 열어준 사람은 고마운 사람이다. 윤석열에게 문재인 대통령이 그렇고 추미애 전 법무장관이 그렇다. 특히 추미애 전 장관은 '꿩 잡는 매'가 되겠다고 여당 대선 후보로 나섰다가 떨어졌다. 추미애 장관은 세상이 자기 머릿속에 있었고 윤석열에게 세상은 시련과 도전의 무대였다. 윤석열은 내가 누구냐는 의문을 품고 살아야 했고 추미애는 내가 누군데?라는 자만심으로 살았다. 윤석열이 대선 후보가 된 것은 '별의 순간을 잡은 것'이었고 다른 말로 하면 유전자 속에 숨어 있던 자기를 발현한 것이었다.

자기 발현의 주인공들은 어떤 특징이 있을까? 허람은 그 특징이 현장에서 답을 찾는 사람이라고 보았다. 대표적인 인물이 박연수였다. 그는 인천직할시 도시계획국장으로 재직 중이던 1986년에 인천국제공항과 송도국제도시를 최초로 구상한 인물이다. 그때 그는 영종도는 안개 때문에 공항으로 적합하지 않다는 야당 의원의 반대를 극복하려고 매일 출근할 때마다 영종도 이장에게 전화로 날씨를 물었다고 했다. 그 결과 영종도가 김포보다 안개일수가 적은 것으로 나타났고 마침내 공항 건설의 깃발을 걸 수 있었다. 현장에서 기회를 찾은 것이다.

MB시절 김황식 총리도 현장파였다. 김황식은 어린 시절 집안으로 거지가 들어오자 어머니에게 '거지가 왔다'고 말했다. 그러자 어머니가 '다음부터는 손님 오셨다고 말해야 한다'고 조용하게 가르쳤다고 한다. 그가 총리를 하면서 강조한 말은 '우문현답'이었다. '우리의 문제는 현장에 답이 있다'는 뜻이었다.

현장을 경험하며 아주 작은 문제를 해결하지 못하면 큰일을 맞는다. 독일에서 한때 유행했던 곰 이야기가 있다. 동물원을 탈출한 곰이 시청으로 숨어 들어가 뚱뚱하게 보이는 시장을 잡아먹었다고 한다. 그런데 며칠이 지나도 아무 문제 없이 시청이 돌아갔다고 한다. 시청이 난리가 난 때는 곰이 실수로 청소부를 먹고 난 다음 날이었다. 시청에 쓰레기가 넘치는 바람에 무슨 일이 일어났다고 알게 되었다는 것이다.

수원시는 청소 차량의 배기가스가 청소부들을 괴롭히는 것을 알자 배기관을 수직 상향시키기로 하고 6대의 시범 차량을 운용했다. 그 결과 청소부들이 배기가스를 덜 마시면서 일을 할 수 있게 되었다. 이렇듯 현장의 작은 문제를 풀면 도시도 살리고 나라도 구하는 길이 트인다.

문재인 정부의 주택정책은 28번이나 헛발질을 했다. 뱀의 머리를 잡지 못하고 뱀의 꼬리만 잡으려고 서두른 것이다. 시장을 인정하는 원칙을 버리고 뒷북만 쳤으니 그럴 수밖에 없었다. 뛰어난 행정가는 문제를 입체적으로 분석한다. 그러자면 내가 누구냐는 분명한 정체성을 지니고 현장의 흐름을 주시하며 수시로 자기를 성찰해야 한다.

내가 누구냐는 질문은 자기 정체성을 바꾸게 하고 정체성이 바뀌면 일을 하는 방법이나 과정이 바뀌고 나아가 결과마저 바꿀 수 있다. 그래서 혼돈의 세상을 극복하면서 사는 지혜는 '선(先)현장 후(後)정답'이다.

PART 3

우리가 선택할 변화

14

대통령과 판통력

가을은 가버린 추억을 떠올리는 계절이다. 그래서 있지도 않았지만 '한마디 변명도 못 하고 잊혀져야 했던' 그 사람을 떠올리기도 한다. 센티멘탈이라면 둘째가기가 서러운 두마는 비록 시월 말에 만나지 못했지만 11월 말에는 저녁을 같이 먹자고 했다. 그러면서 상경하는 김에 원푸리도 보고 싶다고 했다.

두마는 오래전에 자기가 다니던 회사의 전산시스템을 원푸리에게 발주한 경험이 있어서 허람보다 먼저 원푸리를 알고 있었다. 허람은 두 사람을 흑석동 시장 안에 있는 순대국 식당에서 만나기로 했다. 오랜만에 만난 3명의 사내는 막걸리를 잔에 채우고 건배를 했다.

"반가워요."

"세월 빠르네요."

"이게 얼마 만이죠."

군이 대답을 듣지 않아도 되는 말들이 감탄사처럼 튀어 나왔다. 간이 좋지 않은 두마는 입안을 적시는 정도로 한 모금 마셨고 허람과 원푸리만 잔을 비웠다. 그리고 서로 얼굴을 바라보았다. 말문을 먼저 연 사람은 원푸리였다.

"바야흐로 선거의 계절이 다가오는데 허람은 바쁘지 않은가?"

허람은 허탈한 미소를 지으며 대답했다.

"초야에 묻혀 사니 마냥 적적해."

옆에서 지켜보던 두마가 한마디 거들었다.

"허람은 『K−상식』이란 원고를 쓰고 있답니다."

그러자 원푸리가 말했다.

"일은 없어도 세상을 흔들고 싶은 욕망은 변함없구먼."

허람은 "다 비우지 못한 미련 때문이지." 하면서 막걸리 잔을 채웠다. 그러자 두마가 원푸리에게 물었다.

"원 도사님은 내년 대선을 어떻게 보슈?"

원푸리를 도사라고 하는 말을 듣자 허람이 한 마디 끼어 들었다.

"두마도 원푸리에게 가상현실 강의를 들은 모양이구먼."

그러자 원푸리가 말했다.

"도사라는 말 참 오랜만에 듣네요. 자주 만났으면 도력을 더 키웠을 텐데…. 그보다 먼저 시골 정양 생활은 어때요?"

"하루하루가 똑같아요. 허람이 원고를 보내주면 천천히 읽어보면서 시간을 축낼 뿐이지요."

"이번 글은 좀 다릅디까?"

"역대 대통령들을 한 글자로 표현해서 보내주어 재미있게 읽었어요. 어제는 '마'로 끝나는 단어로 역대 대통령들을 정리해서 보내주었어요."

원푸리는 허람을 보고 하나의 단어로 대통령을 먼저 소개한 다음 '마'로 끝나는 단어를 덧붙여 소개해 보라고 했다. 허람은 원푸리와 잔을 부딪치고 나서 말문을 열었다.

"우선 이승만 대통령은 '짱'이란 단어 하나로 표현할 수 있어. '마'로 끝나는 단어는 카리스마가 어울리지."

"맞아! 이승만 대통령은 1910년 우리 나이 36살 때 프린스턴대에서 나중에 28대 대통령이 된 우드로 윌슨 총장으로부터 국제법 전공 박사학위를 받았으니 보통 사람을 뛰어넘는 짱이었지. 박정희는?"

"박정희는 밥이야. 국민들의 배고픔을 해결해 주었으니까?."

"'마'로 끝나는 단어로 표현하면?"

"트라우마야. 한동안 빨갱이라는 말을 듣고 살았으니 트라우마가 심했어. 해방을 맞을 때 박정희는 우리 나이로 29살이었지. 그의 아버지는 동학 운동을 했던 사람이었어. 형의 영향으로 남로당원이 되었지만, 여순사건 이후 전향하고 45살 때 혁명을 일으켜 경제개발에 올인했어. 그의 업적은 지독한 가난을 겪으면서 흘린 눈물이 없었으면 불가능한 일이었다고 봐야 해."

"전두환은?"

"한 단어로 쇠야. 돌보다 더 머리가 단단했다는 말을 들었으니까. '마'로 끝나는 단어는 두 개인데, 하나는 살인마 다른 하나는 쾌도난마야."

"말이 되는데. 노태우는?"

"한 단어로 물이고 '마'로 끝나는 단어로는 시그마야."

"시그마가 뭐야? 수학 기호 시그마를 말하나? 숫자들의 합을 시그마(Σ) 기호로 표현하니까."

"맞아! 노태우는 통합의 리더라는 뜻이야."

"그렇네. 북방외교로 국력을 크게 키웠지."

"다음 대통령 김영삼은?"

"나는 여기까지 하고 두마에게 중간 해설을 들어봐!"

두마가 사이다를 시켜 한 잔 마시고는 말문을 열었다.

"허람은 대통령의 시대를 판으로 보고 판을 통하게 하
는 힘에 따라 시대가 달라진다고 보았어요. 이승만 대통령
만 판건력(版建力)의 주인공으로 별도로 보았어요. 판을 세
우는 일에서 국제감각을 발휘한 인물로 본 것이지요. 박정
희, 정두환, 노태우는 판군력(版軍力)의 3주인공으로 보았고
요. 그래서 김영삼은 앞의 대통령들과 다른 분류로 하려는
겁니다."

"말이 되는 얘기네요. 거기에도 3명이 있나요?"

"그렇지요. 김영삼, 김대중, 노무현을 판민력의 주인공
들로 보는 거지요. 그렇게 보아야 시대의 특징과 인물이
맞게 조명된다는 겁니다."

"그러면 허람이 판민력의 주인공들을 소개해 봐!"

허람은 다시 말문을 열었다.

"김영삼은 한 단어로 돌이야. 돌 중에서 센 돌이지. '마'
로 끝나는 단어는 두 가지인데, 하나는 단식철마이고 다른

하나는 웃기는 드라마야.”

“김영삼 별명 중에 삼돌이가 있었으니 그럴듯해. 중앙청 부수고 하나회 척결한 것도 삼돌이와 어울리는 일이었지. 금융실명제도 삼돌이가 했잖아. 그리고 단식철마도 알 것 같아. ‘닭의 목을 비틀어도 새벽은 온다’는 말도 한 것 같아. 그런데 웃기는 드라마는 뭐야?”

“발음이 명확하지 못해서 웃기는 이야기의 주인공이 되기도 했어.”

“그랬지. 동서를 간통하여 강간 한국을 만들겠습니다는 말도 했으니까. 다음 김대중 대통령은?”

“김대중은 한 단어로 돈이야. IMF 사태 이후 돈의 시대가 열렸는데 김대중 개인도 돈에 밝았다고 하더라. ‘마’로 끝나는 단어는 스티그마(stmigma)야. 스티그마는 낙인이란 뜻인데, 김대중은 빨갱이란 낙인 때문에 고생 좀 했어.”

“노무현 대통령은?”

“노무현은 한 단어로 깡이야. ‘마’로 끝나는 단어는 주화입마(走火入魔)이지. 주화입마는 무협소설에 자주 나오는 용어인데, 불처럼 달려들어 마(魔) 속에 들어간다는 말로 몸 안에 도는 기를 통제하지 못하여 내공이 역류하거나 폭주하는 현상을 말해. 불처럼 뜨겁게 살았고 죽을 때도 장렬

하게 마침표를 찍었어."

"노무현이 3당 합당을 반대하여 꼬마민주당에 남아서 분투하던 시절이 생각나네. 그다음 3 대통령은 분류를 다르게 해야 할 만큼 성격이 다른가?"

"이명박, 박근혜, 문재인 세 사람은 개인의 개성이 강하고 저마다 개인적인 한(恨)이 있어서 정치판을 다룰 때 판개력을 적용한 사람이라고 보았어. 판을 개인의 취향으로 운용했다고 본 거야."

"말이 되네. 그럼 이명박부터 말해 봐."

"마리안대 선생에게 말이 된다는 말을 들으니 이상해."

"오늘은 좀 말이 되는 것 같으니 계속해 봐."

"한 단어로 이명박을 말하자면 삽이야. 평생 건설을 했으니 삽이 상징이 된 거지. 4대강 건설도 삽쟁이가 한 일이고. '마'로 끝나는 단어는 추악한 파마야. 파마(Fama)는 그리스 신화에 나오는 소문의 신이야. 파마가 사는 집은, 소리를 잘 울리는 청동으로 지어져 있지. 그래서 오고 가는 말로 집 안은 늘 시끄러워. 침묵과 고요는 이 집 안에 없고 시끌시끌, 웅성웅성 소리가 있을 뿐이야. 이 집에는 경거망동, 생각이 깊지 못한 실수 연발, 터무니없는 기쁨,

소심한 공포, 당돌한 선동, 어디에서 왔는지 아무도 모르는 속삭임이 넘쳐."

"소문의 신과 추악한 파마 이명박이 관련이 있나?"

"아는 사람은 다 알고 있었지만 MB가 의원시절 6급 보좌관이었던 김유찬은 2007년에『이명박 리포트』를 출판했어. 그 책의 부제는 '잘못된 선택, 역사는 보복한다'였지. 쉽게 말해 김유찬이 이명박 비리를 터뜨린 거지."

"그랬지만 이명박은 대통령이 되었잖아?"

"되었지. 그런데 임기 중에도 숱한 구설에 올랐지. 웃기는 얘기지만 김유찬이 쓴 책이 제대로 팔렸다면 이명박 대통령은 나오지 않았을 거야."

"책이 제대로 팔리지 않았다고?"

"서점에서 구할 수 없었대. 이명박이 손을 썼다는 추측이 가능해."

"책에 무슨 내용이 있다는 거야?"

"있지. 교회 장로라면서 안하무인으로 사람을 대하고, 돈에 인색하기 짝이 없고, 거짓말을 밥 먹듯이 하고, 공은 자신에게로 과는 늘 아랫사람에게로 돌리고 인성에 덕이 없으며, 종교와 신앙생활조차도 인기관리를 위해 악용하고, 공과 사를 구분치 못한다는 내용이 있었어."

"이명박은 자기만 일을 잘한다고 고집을 부렸다고 말하는 사람도 있더라."

"맞아! 2010년 6.2 지방선거에서 MB 정부는 참패를 했어. 선거 내내 기승을 부렸던 '천안함 북풍'에도 불구하고 국민은 진보적인 야권 단일후보에게 손을 들어줬지. 선거가 끝나고 12일이 지나서였어. MB는 라디오를 통해 소회를 밝혔지. 연설의 골자는 행정복합도시 수정안을 국회에 맡긴다는 거였어. 만 10개월이나 시간을 끌어온 행복도시(행정복합도시) 철회안을 사실상 포기한 것이야. 이 대목에서 MB의 발언은 힘이 없었어. 이른바 레임덕의 시작이었지."

"MB 성격을 거론하면서 사이코패스라고 했던 말은 뭐야?"

"미국의 산업심리학자인 비비악과 범죄심리학자인 헤어는 『직장으로 간 사이코 패스』란 책을 낸 바 있어. 원 제목은 『Snakes in Suites』로 '정장을 입은 독사'란 뜻이야. 저자들이 소개한 직장인 사이코패스의 특징 9가지는 이래. 팀을 형성할 수 없다. 어떤 것이든 다른 사람들과 함께 나누지 못한다. 사람들을 차별한다. 진실을 말할 줄 모른다.

겸손할 줄 모른다. 비난을 받아들일 줄 모른다. 예상 가능한 행동을 하지 못한다. 평정을 유지할 줄 모른다. 모든 행동을 공격적으로 한다 등이야.”

“이명박에 해당하는 것이 꽤 있네.”

“MB가 내곡동 사저 구입과 관련해서 했던 말을 보면 알수 있어. 자신은 전혀 잘못이 없고 아랫사람이 한 일을 챙기지 못했을 뿐이라는 식으로 말했지. 하지만 아랫사람의 말은 달라. 지시하는 대로 일을 했고 대통령 본인도 현장 답사를 했다는 거야. 토지 구입에 관한 일이야말로 MB가 과거에 해봐서 잘 아는 일이었어. 그런 일을 챙기지 못했다니 어이가 없다고 여기면서 MB를 사이코패스라고 부른 사람이 생겼지.”

“기업인들 대부분이 그런 사람이잖아?”

“그렇긴 해. 그래서 두 명의 저자들도 기업가 정신의 소유자와 뻔뻔한 사기꾼을 구분하기 어렵다고 했지. 내가 본 MB는 시기심이 강해.”

“예를 들어봐.”

“내 친구 중에 중앙고 출신이 있어. 그 친구가 서울시 고위공무원을 했던 동기의 이야기를 들려주더라. 그는 서울시 고위공무원 할 때 MB시장을 모신 적이 있대. 어느 날

국정감사를 받게 되어 복도에 줄을 서서 의원들을 영접했을 때 정몽준 의원이 지나다가 '어? 네가 어떻게 서 있냐?'며 아는 체를 했대. 고교 동창이었으니까. 그래서 따로 불러 차 한 잔을 했대. 그걸 본 MB가 그날 이후 자기를 못살게 굴더래. 그게 어떤 심정이겠어? 내가 동지상고 야간 출신이라고 우습게 보여! 라는 식은 아니었겠지만 오너 일가와 어떤 식의 연고가 있는 사람들은 예외 없이 미워했다고 하니 열등의식의 강한 것 아니겠어?"

"인터넷에 들어가 보니 MB시절에 기용된 인사들 중에 병역면제자가 많더라."

"MB에 관한 소문은 아주 많아. 그가 불안을 느끼거나 혼자 있을 때 미싱사처럼 다리를 떤다는 것도 아는 사람은 알지. MB의 내면이 복잡하고 치졸하고 불안하다는 거야. 그가 망한 것도 측근들로부터 배척받았기 때문이지."

"누구, 누구지?"

"김유정이라고 할 수 있어."

"소설 썼던 김유정?"

"그게 아니라 선거부정을 고발한 김유찬 보좌관과 마지막 수사에 도움을 준 김백준 비서관과 김희광 등을 김유로 보고 나머지 한 사람인 정을 포함시킨 말이야."

"나머지 정은 누구지?"

"정두언이야."

"이제 박근혜 대통령 차례야."

"박근혜를 한마디로 하면 좀이야. 대통령 하면서 가장 많이 들었던 단어가 좀이었어. 대통령에 대한 아쉬움을 표현하는 단어였지."

"그랬나? 예를 들어 봐."

"거듭된 총리 낙마에 대해 대통령이 좀 신선한 인물을 발탁했으면 좋겠다는 말을 들었지. 국정이 원만하지 못한 이유에 대해 밑에서 일하는 사람이 좀 적극적으로 알아서 일을 했으면 하는 아쉬움을 말했어. 결국 박 대통령이 좀 더 소통에 신경을 썼으면 하는 기대감이었지. 김서영에게 휘둘려 국정 문란 사태가 생긴 것 역시 내부에서 좀이 슬어서 생긴 일이지."

"'마'로 끝나는 단어는 뭔가?"

"박 대통령은 방탄유리 속에 갇힌 인형 공주 이미지가 있어. 싸늘한 독기의 주인공이지. 그래서 박 대통령을 마이애즈마(miasma)로 부를 수 있는데 나쁜 공기 또는 독기라는 뜻이야. 신기한 것은 박근혜 몰락에도 김유정이 작용했다는 거야."

"누구, 누구인가?"

"김무성. 유승민, 정유라야. 세 사람이 마치 약속이나 한 듯이 박근혜를 옭아맨 셈이지."

"이제 문재인 대통령만 남았네."

"문 대통령은 한 단어로 '통'이야. 먹통, 불통, 고집통, 울화통, 깡통이지. 그것 아닌 한 단어로 '고'가 있어. 외로울 고(孤), 갇힐 고(固), 힘들 고(苦) 등이야. 문 대통령은 청와대에서 외롭게 갇혀 지내며 혼술을 마셨다니 얼마나 힘드셨겠어? '마'로 끝나는 단어는 아주 많아. 자뻑 도그마, 위록지마, 딜레마, 편 가르마 등이지."

"위록지마와 딜레마, 편 가르마는 알겠는데 자뻑 도그마는 뭐야?"

"문 대통령이 적폐청산을 외칠 때 노무현의 과거사 청산을 보는 듯했지. 그때 당 대표인 신기남 당의장이 뻑을 당했지. 아버지가 일제 헌병을 했으니까. 그 바람에 신기남은 사퇴를 했어. 적폐청산이란 도그마가 강하면 그 교조 때문에 역풍을 받는다는 얘기지."

"무슨 예가 있나?"

"박원순은 친일부역자를 처단해야 한다고 주장해왔어. 그런데 박원순 아버지 박길보가 창녕에서 일제 보국대원으로 일하면서 일본군 위안부 모집책이었다는 소문이 돌았지. 그러나 박원순 후보가 진실을 밝히지 않고, 적당히 얼버무리거나 거짓으로 덮으려 하다가 의혹만 커졌어. 문 정부가 공정을 외치다가 조국에서 브레이크가 걸린 것도 자뼉 도그마이지."

자뼉 도그마? 그 말을 듣는 순간 두마는 놀란 표정을 지었다. 정신이 번쩍 든 기분이었다. 허람은 가끔 새로운 단어로 자신을 놀라게 했다. 두마는 얼마 전 『안개』를 읽으면서 지금과 비슷한 느낌을 받은 적이 있었다. '넓이로 얻는 모든 것은 깊이로 잃게 된다'는 말이었다. 그렇다면 '적폐청산이란 넓이는 어떤 깊이로 잃게 될까?' '자뼉 도그마'란 단어를 들으니 모든 도그마는 그 안에 자뼉을 품고 있는 것 같았다. 그런 생각을 하는데 원푸리의 목소리가 들렸다.

"역대 대통령들을 짧게 요약해서 들으니 간명해서 좋군. 두마 선생께서는 정치인을 어떻게 봐요?"

그러자 두마는 중학교 입학시험을 치던 날 아버지가 짜

장면을 사주시고 보여 주셨던 영화 이야기를 꺼냈다.

"〈누구를 위하여 종은 울리나?〉라는 영화였지요. 첫 경험이었지요. 그런 인연 때문에 나중에 그 소설을 읽고 소설에서 나오는 필라르라는 여자가 하는 말을 여러 번 곰곰이 씹어보곤 했지요."

"필라르가 무슨 말을 했기에 곰곰이 씹을 정도가 되었나요?"

"소설에서 필라르는 못생긴 여자의 심정을 말했는데 그 심정이 정치인과 비슷하다는 것을 알았지요. 내가 한번 읊어 볼게요."

그런 말을 하면서 두마는 스마트폰을 열더니 내용을 찾아 읽었다.

"못생긴 여자의 심정이 어떤 줄 아시우? 일생 동안 못생긴 얼굴로 살면서 제 딴에는 속으로 미인이라고 자위하며 사는 게 어떤 건지나 아시우? 아주 이상야릇한 거라우. 여자란 남자가 자기를 사랑하는 동안 남자를 장님으로 만드는 감정이 있기 때문에 눈을 멀게도 한단 말이야. 그러다가 어느 날엔가는 아무런 이유도 없이 남자는 여자의 추한 진짜 모습을 알게 되고 더는 눈이 멀지는 않게 되지. 그리되면 남자가 알게 되듯이 여자 스스로 추한 걸 느끼게 되고, 여자는 남자를 잃게 되고 그 감정을 상실하게 되는 거라우. 그리고 얼마 후에 나처럼 추해지면 말이우, 그렇게 되면 내가 아까 말했듯이 얼마쯤 지나 그 감정이, 자기가 아름다운 줄 아는 그 어리석은 감정이 서서히 마음속에 다시 자라나기 시작한단 말이야."

두마가 못생긴 여자의 심정을 말하는 이유는 알 것 같았다. 정치인은 자기를 예쁜 여자로 착각하면서 산다는 거였다. 일단 정치를 시작하면 국민의 눈을 멀게 하지만 어느 날엔가 스스로 추한 여자가 되고 그러다가 얼마쯤 지나면 자기가 아름다운 줄 아는 어리석은 감정이 다시 자라나기 시작한다는 얘기였다. 못생긴 여자 이야기를 들려준 두마는 허람에게 물었다.

"판민력 대통령들과 판개력 대통령들 사이의 차이점은 뭐라고 생각하나요?"

"가장 큰 차이는 청와대에 여론조사팀 운용 여부입니다. 김영삼, 김대중, 노무현 3명이 집권할 때 여론조사팀이 있었지요. 물론 이명박, 박근혜, 문재인은 여론조사를 담당하는 직원을 두기는 했죠. 하지만 여론조사팀이란 시스템을 운용하지 않았어요."

가만히 듣고 있던 원푸리가 끼어들었다.

"문재인 정부가 신고리 원전 5·6호기의 공사 중단과 재개를 놓고 여론조사로 일이 있었던 것 같은데?"

"맞아! 이낙연 총리실에서 했지."

"총리실에서 하는 조사와 청와대 여론조사팀에서 하는 조사가 다른가?"

"그렇지는 않아. 문제는 조사설계의 전문성이야. 내가 볼 때 델파이법으로 조사를 하면 시간과 비용을 최소 반으로 줄일 수 있었는데 총리실에서 3개월간의 공론화 과정을 끝에 정부 예산 46억 원을 썼어. 그 돈이면 청와대가 4명의 팀을 1년간 운용하면서 여러 조사를 체계적으로 할 수 있지."

"우리나라에서 조사를 가장 잘 활용한 대통령은 누구인가?"

이에 대해 허람은 색다른 질문을 했다.

"여론조사가 엉터리라고 반박하는 사람들은 어느 대통령 지지자일 것 같나?"

그러자 원푸리는 노무현 대통령을 지지하는 노빠일 것 같다고 대답했다. 그 말을 듣고 허람은 이런 대답을 했다.

"그런데 말일세. 노무현이 역대 대통령 가운데 가장 조사를 많이 활용했어. 그분은 열정의 주인공이지만 동시에 문제를 풀 때 시스템 마인드를 적용시킨 분이었어. 사실과 국익에 기반한 의사결정을 했다는 말일세. 이라크 파병, 한미 FTA, 제주 해군기지 등.”

가만히 듣고 있던 두마가 질문을 했다.

“역사적으로 조사를 활용한 인물 두 사람을 말해줄래요?”

그러자 허람은 “또 두마의 두 사람이군요.” 하면서 말문을 열었다.

“역사적으로 보면 우리나라에서 최초로 여론조사를 활용한 사람은 세종이었어요. 조선 전기 토지 세금제도는 공법(貢法) 운용이었는데, 그 당시 세종은 공법의 편의 여부를 각 도(道)의 수령과 인민들에게 물어서 조사하게 했지요. 모두에게 찾아가서 가부를 들으라고 한 것인데, 1430년 세종이 34살 때의 일이었어요.

조사를 활용하여 나라를 바꾼 대표 인물은 백의의 천사인 나이팅게일이지요. 그녀는 영국에서 여성을 무시하는 빅토리아 왕조 시대에서 태어났지만 어린 시절 그녀는 수학과 통계 공부에 재미를 붙였는데, 그런 지식이 세상을 바꾸는 힘이 되었어요. 그녀는 간호사로 일하면서 군인들의 사망 원인을 연구했지요. 그 결과 전쟁이 없는 해에도 일반 군인들의 사망률이 같은 나이의 일반인들보다 두 배나 높다는 것을 알았어요. 그 원인을 추적해 보니 질병과 형편없는 음식, 그리고 무관심 때문에 매년 1,500명의 젊은이들이 목숨을 잃는다는 것을 밝혔지요.

그녀는 자신의 조사를 바탕으로 도표를 만들어 제시하며 병원의 잘못된 운영방식이나 위생관리에 대한 개선안을 내놓았어요. 전쟁 때문에 젊은이들이 죽는 것이 아니라는 사실을 밝혀낸 것이지요. 그렇게 그녀는 의료체계의 문제점을 해결하였는데 1910년 90세의 나이로 사망할 때까지 그녀가 이룬 업적은 영국의 남자들보다 크고 위대했지요."

원푸리는 허람의 촌평을 듣고 난 후 잊었던 생각이 났는지 긴급동의 같은 질문을 했다.

"그런데 허람은 상식에 대한 글을 쓰면서 왜 K-상식이라고 했지. 상식은 세계 어디서나 통하는 것이어야 하는 것 아닌가?"

그 말을 듣자 허람이 막걸리를 자작하여 마시고 나서 말문을 열었다.

"지난 10월 말에 한민족운동 단체연합 공동대표인 윤승길 씨를 만났어. 그분한테 강증산 선생 탄신 150주년 기념대회에 관한 이야기를 들으면서 해원상생(解冤相生)사상을 들었지. 대립과 갈등과 원망을 풀어버리고 서로 협력하고 화합하는 조화의 상태를 이루자는 사상이었어. 그 이야기를 들으니 한국 고유의 상식이 세계인의 상식을 선도할 것이라는 예감이 전율처럼 오더라. 우리의 상식은 묵은 감정까지도 풀어서 미래 에너지로 쓰는 상생의 상식이라는 거야."

"강증산의 해원상생(解冤相生)은 들은 적이 있어. 한 가지만 더 소개해 봐!"

"제생의세(濟生醫世)를 들 수 있어. 사람을 살리는 일이 성인의 도(道)라는 뜻이지. 큰 사람 되려고 공부하는 사람은 항상 남을 잘되게 공부를 해야 한다고 했어."

"K-상식이 등장할 시대가 왔다는 얘기네?"

"맞아! 우리는 서구를 따라 배우느라고 정신없이 살았지. 그러다가 이제 아차! 자본주의가 사람 잡을 수도 있겠다는 생각을 하게 되었어. 내년은 천도교를 세운 의암 손병희 서거 100주년이야. 천도교는 동학에 뿌리를 두고 있지. 최시형 선생은 향아실위법(向我設位法)을 주창했어. 귀신과 벽을 향하지 말고, 자기 자신을 향해서 제사를 지내자는 거야. 향아설위(向我設位)는 나와 현재를 중심으로 오늘을 회복하도록 하는 것이지. 가진 자와 없는 자가 서로 돕는 유무상자(有無相資)도 새로운 공동체가 필요하다는 거였어."

허람의 이야기를 들은 두마는 고개를 갸우뚱거리며 이런 질문을 했다.

"자본주의 대안을 한국인의 전통 사상에서 찾을 수 있다? 아주 신선한 발상입니다. 그런데 나는 두 가지 감정을 느낍니다. 우리는 아직 민주주의가 진화 중이라는 생각이 하나 있고 그럼에도 불구하고 비록 늦었지만, 활로를 찾아야겠다는 생각이 드네요."

허람은 그 말을 듣더니 "결국 시간의 문제라는 말씀으로 들립니다"라고 말하면서 "한 가지만 얘기하겠습니다"라고 하면서 말문을 열었다.

"동학을 배척하고 탄압할 때 경상도 유생들의 역할이 컸지요. 그때 그들은 수구파였습니다. 그들은 각지의 서원(書院)에 통문(通文)을 보내 정보를 주고받았습니다. 1863년 그들이 남긴 동학 배척 통문에는 흥미로운 구절이 있어요."

"어떤 내용이지요?"

"백정과 술장사들이 모이고, 남녀를 차별하지 아니하고, 포교소를 세워 과부와 홀아비들이 모여들게 하고, 있는 자들과 없는 자들이 서로 도우니 가난한 자들이 기뻐한다."

"귀천이 같고 만인이 평등하다는 내용이군요."

"여기서 1863년을 주목해야 합니다. 이해 11월 19일 미국에서 링컨 대통령이 5만여 명이 사상당한 전쟁터 일부를 국립묘지로 조성하는 헌정식을 하기 위해 게티즈버그에서 연설을 했으니까요. '국민의, 국민에 의한, 국민을 위한 정부는 이 지상에서 영원히 사라지지 않을 것입니다'라는 명언이 탄생한 해가 1863년입니다. 그러니까 우리의 민주 정신은 미국과 비슷한 시기에 이미 태동하고 있었다는 겁니다. 늦은 것이 아니라는 거지요. 다만 우리는 우리의 정신을 제도로 장착하는 과정에 시간이 걸렸을 뿐입니다. 어제의 우리 목표는 남부럽지 않게 사는 것이었지만 지금 우리는 남들보다 더 잘사는 세상을 살고 있어요. 앞으로 우리는 한국인이 앞장서는 시대를 열어야 해요."

나보다 더 큰 자기

12월 13일 대학교수들은 2021년 한해를 묘서동처(猫鼠同處)로 정했다고 한다. 이 말은 당나라 역사서에 나오는 사자성어로, '고양이와 쥐가 함께 있는데 고양이가 쥐를 잡지 않고 함께 곳간을 턴다'는 뜻이라고 한다. 예능형 정치인 허경영씨가 말했던 "나라에 돈이 없는 게 아니라 도둑이 많다"는 말이 떠올랐다.

2017년 5월 10일 문재인 대통령이 취임했는데 그해 연말을 정산하는 사자성어는 적폐청산을 연상시키는 파사현정이었다. 2018년의 사자성어는 임중도원(任重道遠)이었는데 '갈 길은 멀고 임무는 막중하다'는 뜻이었다. 2019년의 사자성어는 공명지조(共命之鳥)였다.

공명지조는 『아미타경』 등 불교 경전에 자주 등장하는

새로 '한 몸에 두 개의 머리'를 가진 새다. 글자 그대로 '목숨을 함께하는 새'다. 어느 한쪽이 없어지면 자기는 살 것 같지만 실상은 공멸하게 되는 운명공동체이다. 교수들이 공명지조를 꼽은 이유를 한국사회의 가장 큰 문제인 좌우 대립을 새롭게 정립할 필요가 있기 때문이라고 했다. 새롭게 정립하자는 말은 대립을 벗어나 조화롭게 해야 한다는 말 같았다.

2020년 사자성어는 아시타비(我是他非)로 내로남불이라는 신조어를 한문으로 옮긴 것이었다. 파사현정에서 임중도원, 공명지조, 아시타비, 묘서동처에 이르기까지 5개의 사자성어를 합치면 용두사미라고 할 수 있었다. 시작은 거창했으나 끝은 초라해졌기 때문이다.

연말이 다가오고 있었다. 남효는 허람이 원고를 잘 쓰고 있는지 궁금했다. 그래서 안부 전화를 했더니 허람이 점심을 같이 먹고 강변을 걷자고 했다. 흑석동 포항 물회 집에서 식사를 하면서 허람은 "이번 선거는 영변 약산 진달래 선거라는 공통점이 있어"라고 말했다.

"재미있는 말인데? 그 뜻은 뭐야?"

"이재명, 윤석열 두 사람 모두 영선의원이지. 국회의원

경험이 없다는 거야.”

“변은 무슨 뜻이지?”

“둘 다 변호사 자격이 있는 법조인이지.”

“약은?”

“둘 다 약점이 있어. 윤은 장모 약점, 이는 본인 약점.”

“산은?”

“둘 다 역사의 산을 넘어야 해.”

“진달래 선거는 무슨 말이야?”

“둘은 진실 게임의 무대에 서 있어. 대장동 비리와 윤석
열 처가 비리야.”

“달은 뭐지요?”

“달인 게임을 해야 한다는 거지. 이재명은 행정 능력이
란 해결력에서 앞서. 윤석열은 경험 부족을 집단지성으로
채울 수 있다고 하지.”

“래는 뭐야?”

“둘 다 미래 비전을 놓고 심판을 받아야 해.”

“재미있네. 두 후보가 뿌린 영변 약산 진달래를 국민들
이 즈려밟고 가는 선거라는 얘기네. 둘 다 비슷하지만 그
래도 두 후보 중에 우세한 사람을 뽑아야 하지 않겠어?”

"후보를 평가하는 7가지 S를 놓고 보아도 비슷해서 판단이 불가능할 정도야."

"하나, 하나 짚어봐."

"첫째가 안심이야. 영어로 세이프티(SAFETY)지. 이 점에서 윤석열이 나아. 이재명은 미군 철수를 '방 빼고 나가라'는 식으로 가볍게 여기니까."

"둘째가 스토리야. 이재명이 앞서는 부분이지. 개천의 용이란 이미지가 강하니까. 개인 호감도에서 이재명이 윤석열을 앞선대."

"셋째가 스트레스 해소야. 이 부분은 윤이 조금 앞서. 정권 교체 기대를 안고 있으니까."

"넷째가 서비스인데, 국민에게 무엇을 해줄 수 있는 약속이지. 윤석열은 대안이 부족하고 이재명은 대안이 많지만, 신뢰가 부족해."

"다섯째가 단순함이야. 쉽고 간결하게 국민에게 다가서는 능력이지. 이 점에서 두 사람은 복잡해. 윤석열은 아내를 변명하는 것이 복잡했고, 이재명은 자식을 남이라고 말하는 내면이 복잡함을 느끼게 해."

"여섯째는 새로움과 신선함으로 주는 충격인 서프라이즈인데 두 사람 모두 초기에 반짝하는 충격을 주었지만 이어 나가지 못해. 둘 다 답보상태지.”

"일곱째는 스마일인데 표정 관리를 말해. 대통령 하겠다는 분의 얼굴에 긍지와 자부심과 국민의 자랑이 되는 정당성이 보여야 하는데 둘 다 부족해. 지금 안철수 후보만 웃는 얼굴이야.”

"올해 치러질 대선을 놈들의 선거라고 하더군. 추한 놈, 독한 놈, 질긴 놈 중에서 한 놈을 뽑는 선거라는 얘기지. 제대로 대통령을 뽑으라면 덜 추하고, 덜 독하고, 덜 질긴 놈을 찾아야 하는데 불행히도 그런 놈을 찾을 수 없으니 답답한 선거라고 하더라.”

"12월 29일 민주당 선거대책위원회가 지금까지 써온 '이재명은 합니다'라는 슬로건을 '나를 위해, 이재명'으로 바꾸고 캐치프레이즈로는 '앞으로, 제대로'로 변경한다는 이야기 들었지?”

"들었어. 정철 카피라이터의 말이 애매하더라. 지난 대선에는 젊은이들이 나라를 위해 촛불을 들고 투표했는데 지금은 나라답게 바뀌었으니 나라만큼 소중한 '나'를 위하는 키워드로 투표할 것이라는 거야.”

"반만 맞는 얘기 같아. 요즘 젊은이들의 불만과 희망을 보지 못했어."

"그럼 어떤 슬로건이 필요해?"

"나부터 '확' 바꾸겠습니다"라는 카피가 더 실감날 거야."

"그 배경이 뭔가?"

"문 대통령과 확실한 차별화가 필요하다는 거야. 2030세대 중에서 지금 나라답게 바뀌었다고 느끼는 사람이 얼마나 될지 의문이야."

"앞으로(路)는 미래를 선도하고 정쟁에 시간을 쓰지 않겠다는 뜻이고 제대로(路)는 이재명답게 일하고 효능감을 보여드리겠다는 약속이라고 하던데?"

"그렇게 해석하는 사람은 드물 거야."

"야당이 젊은 유권자들을 위한 슬로건을 건다면 어떤 식으로 해야 할까?"

"국민의 자존심과 정당성에 초점을 맞춰야 해."

"예를 들면?"

"묵은 때 밀어내야 상식이 바로 선다."

"그럴 듯한데! 그런 슬로건을 만든 배경이 뭐지?"

"2030세대는 나보다 더 큰 자기를 추구해. 이상적인 자기 미래상을 품고 살지. 그래서 내가 미래 대한국민의 주인공이 되고 싶은 열망을 자극해야 해. 상식인을 이상적인 자기상(像)으로 그려주는 거지."

"허람의 이상적인 자기는 누구였나?"

"20대 때는 백범 김구 선생이었었는데 지금은 남재희 씨라네."

"기자를 하다가 관료가 되었고 정치도 하신 분 말인가?"

"맞아! 그분은 10년만 더 일찍 태어났으면 해방공간에서 몽양 여운형 선생을 따랐을 것이며, 10년만 더 늦게 태어났더라면 진보정당 운동에 투신했을 것이라고 했지."

"고은 시인은 남재희를 몸은 여당에 마음은 야당에 있는 사람이라고 했지. 허람은 그런 이중성을 좋아하나?"

"이중성이라기보다 다양성을 인정하자는 거야. 남재희 씨가 김대중 휘하인 예춘호씨와 사돈이 된 것도 그래."

"남재희 씨는 기자 시절 박정희 대통령에게 옳은 말도 했지. 국회에 대통령 일가가 너무 많다고. 그런 인연으로 제10대 국회의원 선거에서 민주공화당 후보로 서울특별시 강서구(양천구 분구 전) 선거구에 출마하여 신민당 김영배 후보와 동반 당선되었어. 1979년 10·26 사건 이후 소장파 국회의원으로서 박찬종, 오유방, 정동성 등과 정풍 운동도 했지. 그 후 전두환, 노무현, 김영삼 대통령과 일했고 최근에는 문재인 대통령도 자문했다더라.”

“지금은 자본주의 시장경제의 모순을 교정하는 ‘페이비언(Fabian) 사회주의자’를 자처한다더라. 어쨌거나 나는 정치를 웃으면서 할 수 있는 여유 있는 사람이 좋더라.”

“19세기 미국의 신학자이자 정치개혁가인 J.F 클라크는 ‘정치꾼은 다음 선거를 생각하고, 정치가는 다음 세대의 일을 생각한다’고 했대. 영어에서도 개인 이익과 당리당략만을 위해 일하는 정치꾼을 Politician이라고 하는데, 진정한 의미의 정치가를 뜻하는 Statesman에 비해 다소 경멸적인 표현이라고 하더라. 남재희 정도는 Statesman이었다고 할 수 있지. 허람은 내년의 정치를 어떻게 전망해?”

“11월 10일 같은 아파트에 사는 박성곤이라는 젊은이와 대화를 나누었어. 지금 그때 얘기가 그대로 전개되고 있어.”

“박성곤이 누구야?”

“G조사회사의 부장이야. 조사업계 후배지.”

“그 후배에게 무슨 말을 했는데?”

“박근혜 사면, 윤석열 헛발, 안철수 부상, 단일화 꿈틀이었어."

"그런 말 했을 때 반응은 어땠어?"

"에이! 였지. 얼마 전에 만나니 그럴 확률이 점점 늘어가는 것 같다고 하더라."

"나도 그때 그런 말 들었으면 '에이!' 했을 것 같아. 그런데 허람은 미래를 전망하는 비결이 뭐야?"

"외할아버지 영향을 받았다고 할 수 있지."

"어떤 분이셨는지 말 좀 해 주게."

"말년에 보수 야당을 지지하면서 정치에 몸을 담으신 분이야. 강원도 삼척에서 보수 야당인 민주당원으로 활동하셨어. 그전에는 나중에 공화당 재정부장을 지낸 김진만과 조합원으로 같이 일하셨다고 하더라."

"학교 공부는?"

"부산상업학교(나중에 부산상고로 개칭되었다가 지금은 개성고) 출신이셨대. 부산상고는 1895년에 창설된 부산 개성학교가 모체인데 1911년 부산 공립 상업학교로 개칭되었다고 하더라. 당신은 부산상업학교 1학년 때 1919년 기미 만세사건이 벌어져서 경찰서에 잡혀갔는데 어린 신입생이라는 이유로 훈방되었대. 나는 102년 전에 일어난 만세사건을

51년 전인 고등학생 때 외할아버지로부터 직접 들었지.

"졸업 후에는?"

"일본 유학을 떠나셨는데 졸업은 하시지 못했대. 아버지가 위독하다는 전보를 받고 귀국해보니 덜컥 장가를 보내버렸다는 거야. 혼인 후 면사무소 호적계에서 근무하시다가 강원도 삼척의 유지공장에서 총무과장을 지내던 중 6·25를 맞았대."

"소년 시절에는 만세 사건, 장년 시절에는 6·25란 파도가 몰아쳤군?"

"그랬지. 당신의 인생 스토리는 전쟁과 더불어 파도를 탔어."

"무슨 일이 있었나?"

"북에서 지역사령관으로 내려온 사람이 친구였기 때문에 하는 수 없이 부역을 해야 했대. 세금을 계산해서 거두는 일이었지. 매일 쇠고기 국을 먹을 수 있었으나 그것도 하루 이틀이지 나중에는 지겨워서 죽고 싶었대. 가족들 앞에서 이 세상은 오래 못 간다고 자주 말씀하셨대."

"무슨 근거로?"

"두 가지였대. 잔혹한 인민재판 그리고 세금을 농산물 수확량을 기준으로 현물로 바치는 현물세였대."

"인민재판은 알겠는데 현물세는 뭔가?"

"고추밭의 고추도 예상 수확량을 계산해야 했대. 외할아버지는 바람이 불어서 떨어지거나 작황이 나빠서 고추가 말라 죽는 경우를 알면서도 모른 체해야 했으니 그 심정이 막막하고 답답하셨대. 그래서 강원도 산골의 구석진 곳으로 도망을 가셨다는 거야. 지역사령관은 부하들이 어느 산골에 외할아버지가 숨어 있다는 첩보를 전달하며 '잡아 올까요?'라고 물었더니 '그냥 놔 두라!'고 지시했대. 마침 전황이 불리해 후퇴하려던 때였다는 거야."

"부역을 하고도 무사하셨나?"

"인생 역전이 벌어졌대."

"어떻게?"

"국군이 북상하자 들어오자 환영 인파 중에 젊은이들이 많은 것을 보고 국군 지휘관이 물었대. '이 마을에는 왜 이렇게 젊은이들이 많은가?'라고. 그러자 아무개 선생 덕분이라고 하면서 외할아버지 함자를 알렸대. 그러자 국군 장교는 보리쌀 두 포를 주면서 외할아버지를 대한청년단장으로 임명했대. 엊그제까지 부역을 했던 사람에게 치안 유지책임을 맡긴 것이야."

"어떻게 그런 일이 가능했지?"

"눈치를 보며 세월을 살아야 했던 외할아버지가 마을 사람들에게 해줄 수 있는 일은 의용군을 차출할 때 청년들에게 도망가서 숨어있으라고 알려주는 것뿐이었대."

"몸은 갇히었으나 마음은 마을 사람들에게 열려 있었구면?"

"외할아버지는 당시에 드문 지식인이셨지만 일본 사람의 비위를 맞추는 삶을 싫어하셨대. 인공치하에서도 그런 삶을 사셔야 했지. 그러다 보니 술을 자주 드셨고 자녀들이 배워 봤자 당신처럼 앞잡이밖에 할 수 없다고 하시면서 교육에 무심하셨대. 어느 날 외삼촌이 당신에게 '아버지는 공부를 많이 하셨으면서 자식은 왜 공부를 안 시켜 주셨느냐?'고 따지셨대. 그러자 당신은 장롱을 열어 양말 한 켤레를 보여주시면서 '이것이 무엇인지 아느냐?'고 하시더라는 거야. 갑작스런 반응에 외삼촌은 말문을 잃을 수밖에 없었대."

"양말 한 켤레에 깊은 사연이 있었나?"

"전쟁 때는 법도 없던 시절이었대. 청년단원들이 인민군에게 협조한 사람들을 잡아 오면 이튿날 바로 총살시켰다고 하더라. 어느 겨울밤 청년단 사무실에 들어가던 중 외할아버지는 겨울인데도 양말도 신지 않은 맨발로 외할아버지를 서서 기다리는 젊은 아주머니를 만나셨대. 사연을 들어보니 남편이 내일 총살을 당할 사람인데 용서해 달라고 빌더라는 거야.

세월이 흘러 외할아버지가 마을을 다녀오던 중 웬 오토바이가 앞에서 오기에 갓길에 비켜서셨대. 그런데 그 오토바이가 다시 돌아오더니 오토바이를 탄 사람이 '아무개 선생 아니시냐?'고 물었대. '그렇다'고 하니 무조건 뒤에 타시라고 하면서 어떤 집으로 데리고 가셨대. 그곳에서 외할아버지는 옛날 청년단장 시절에 보았던 아주머니를 만나셨대. 오토바이 주인은 총살당할 뻔했던 그녀의 남편이었던 것이야. 그 집에서 저녁 식사를 대접받았던 외할아버지는 아주머니로부터 양말 한 켤레를 선물로 받으셨어."

"외삼촌은 그 사연을 듣고 할 말이 없었겠네?"

"오히려 잔소리를 들었대. 너희가 누구 때문에 목숨을 부지하고 사는지 아느냐고 하시면서. 6·25 난리 통에서 외할아버지는 9남매 자식을 무사히 건사시켰어. 당시 외가에는 군인 가족인 이모님이 같이 살고 있었는데 마을 사람 어느 누구도 고발을 하지 않으셨대. 그 모두가 외할아버지의 인품에서 나온 음덕이었음을 알게 된 것이야. 그때부터 외삼촌은 자신이 못 배운 것을 탓하지 않았대. 세월이 지나 외삼촌은 이런 말씀을 하셨어.

'내 평생 6·25를 거치면서 9남매 자식을 모두 건사한 부모는 보지 못했다. 그만큼 당신은 복을 받은 분이셨는데 알고 보면 그만큼 남을 위해 베푸신 분이었기 때문이야.'

그러고 보니 나는 어릴 적부터 외할아버지 이야기를 많이 듣고 자랐어. 외삼촌이 6명이나 되었으니 같은 이야기를 여섯 사람이 하는 경우도 있었지. 권력과 정치와 감시에 대해 생생한 이야기를 듣고 자란 셈이야. 역사에 대한 관심도 외할아버지 덕분에 생긴 셈이지."

"어떻게?"

"외할아버지 댁에 유주현이 쓴『조선총독부』전집이 있었어. 그 책을 보면서 나는 역사의식에 눈을 떴지. 고등학생 때의 일이야."

"권력과 정치와 감시에 대해 생생한 이야기는 뭐지?"

"외할아버지가 산골에서 몰래 돌아와 가족들과 피난 짐을 쌀 때 외할아버지가 보시던 일본 책들을 부엌 바닥에 숨겨 놓고 떠났대. 그런데 피난 가서 돌아와 찾아보니 인민군들이 파 갔다는 거야. 누군가 감시를 붙여서 보고하게 만든 거야."

"미셸 푸코가 한 말을 실감했겠네?"

"그랬지. 권력이란 주어진 사회에서 복잡한 전략적 상황에 붙여진 이름일 뿐이다. 따라서 푸코의 작업은 역사적 실체를 구성하는 것이 아니라, 사회 속에 움직이고 있는 유동적인 권력 관계의 그물망을 추적해 내고 그러한 관계의 집합이 하는 역할을 밝혀내는 것임을 실감한 거야."

"외할아버지가 사회의식과 정치의식에 큰 영향을 미쳤구먼?"

"나는 한국 정치의 키워드로 3중을 강조하고 싶어. 인권 존중, 민생 존중, 민의 존중이지. 인권 존중은 억울한 사람이 없는 세상, 민생 존중은 가난이 부끄럽지 않은 세상, 민의 존중은 뜻 있는 사람이 떳떳한 세상이야."

"허람의 말을 듣고 보니 사람은 나보다 더 큰 자기로 누구를 만나느냐가 중요한 것 같아."

16

한국인의 창발성

2022년 1월 18일. 허람은 임기를 마치고 한국을 떠날 주한영국대사의 인터뷰 기사를 보았다. 오는 24일 4년 임기를 마치고 떠나는 대사 사이먼 스미스는 한국을 엄청나게 활기찬 나라라고 평했다. 한국에 오기 전부터 '빨리빨리 문화'를 들어서 알고 있었지만 와서 보니 정말 모든 게 빨리빨리 돌아가고 있었다고 했다. 한국을 '절대 멈추지 않는 나라'라고 하면서 도전의 기회가 왔을 때 그걸 붙잡아 무언가를 해내는 것이 '한국인의 핵심적 성향'인 것 같다는 말도 했다. 그가 말한 활기찬은 영어로 에너자이드 (energised)였다.

한국은 어떤 나라인가? 2020년에 허람은 이소(李昭)란

호를 쓰는 이영희가 낸 시집 『일흔이에요』 중에 「우리나라
사람들」이란 시를 두마에게 소개하면서 대화를 나눈 적이
있다. 그 시를 보면 첫 연에 '우리나라 사람들 참 못 말리
는 민족'이라고 했고 둘째 연은 '한국 사람들 정말 한심해'
라고 말했다. 그런 소개를 하자 두마가 물었다.

"셋째 연도 있겠네요?"

"있지요. '내 민족 자랑스러운가? 부끄러운가?'라고 물어
요."

"못 말리는 이유는 뭐래요?"

"잠도 자지 않고 일한다는 거지요. 서독, 중동에서 일
하면서 가족을 살려냈다는 겁니다. 이만큼 잘 살게 되자
K-POP이니 싸이니, 골프, 야구, 축구, 스케이팅 등 '정말
대단하잖아?'라고 감탄해요."

"대단했지요. 엄청난 시련 끝에 빛을 일으켰으니까요.
나는 피겨스케이팅의 김연아가 한국인의 체면을 세워준
최고 주인공이라고 봐요. 서독의 카타리나 비트가 1984
년 사라예보 동계 올림픽에서 금메달을 딸 때였어요. 그
때 나는 '우리는 언제 피겨스케이팅으로 올림픽에 나가 보
지?' 하면서 한숨지었어요. 청춘의 관능미를 뽐내던 카타
리나 비트는 독일이 통일되고 난 후 1988년 동계 올림픽

에서 독일 선수로 나가 두 번째 금메달을 따자 세계가 '최고의 카르멘'이라고 했지요. 그런데 말입니다. 카타리나 비트 등장 이후 26년이 지나 2010년 밴쿠버 동계 올림픽에서 1990년에 태어난 김연아가 등장합니다. 영화 007에 나오는 제임스 본드 메들리를 배경으로 김연아 춤추는 모습은 그야말로 '애버스루트리(absolutely) 퍼펙트(perfect)'였습니다. 트리플 악셀이란 테크닉을 구사하며 힘과 관능미와 영혼이 날아오르는 신성함까지 연출했지요. 영어권 중계 방송자가 '여왕 폐하 만세!'라고 하면서 감탄합니다."

"김연아는 세계적인 퀸카가 되었지요."

"나는 울적할 때마다 유튜브에 들어가 〈김연아와 돌아와요 부산항에〉를 봅니다. 그러면서 혼잣말을 해요. '연아야! 너의 이름은 내 존재의 의미야!'라고 말하는 거죠."

"공감해요. 시인도 1연 마지막 구절에 '우리나라 사람들 우수한 건 틀림 없나 봐!'라고 말해요."

"'한국 사람들 정말 한심해' 다음에 나오는 말들은 무엇입니까?"

"누가 잘되는 꼴을 못 본다는 겁니다. 그래서 둘 다 망한다고 해요."

"2연 마지막 구절은 어때요?"

"'언제 좀 안정되고 성숙해질까'이지요"

"'내 민족 자랑스러운가? 부끄러운가?'에서 하는 말은 뭐지요?"

"스무 살에는 대한민국을 몰랐다고 고백하면서 '우리는 어떤 사람일까?'고민하며 여러 글을 찾아 읽지만 얻은 결론은 '못 말리는 민족'과 '한심해' 둘 다라는 겁니다."

두마는 이따금 한국인의 기질을 허람에게 물을 때가 있었다. 그럴 때마다 두마는 "민심 분석가 허람이 본 한국 사람은 어떤 사람이지요?"라고 은근한 존경을 담아 말하기도 했다. 어느 날 허람은 한국인의 용수철 기질에 대해 자신의 경험을 말한 적이 있었다.

"1980년대 초반 광장시장에서 내가 직접 본 일이예요. 시장 안 포장마차 골목에서 술을 한 잔 하는데 갑자기 두 아주머니가 목청을 높여 서로 욕을 하며 한바탕 싸움을 했어요. 누군가 '참아라!'고 하는 말이 들렸고 곧 조용해졌어요. 그러고 나서 5분쯤 지났을 때였어요. 두 아주머니가 언성을 높인 곳과 전혀 다른 곳에서 한 아주머니가 '아이고! 우리 딸 대학 붙었네!' 하면서 외쳤어요. 그러자 그 골목 안 모든 아주머니들이 누가 시키지도 않았는데 저마다 빈 양푼을 두드리며 외쳤지요. '아이고! 좋네! 아이고 좋아!' 말다툼이 일어났던 곳에서 좀 전에 싸웠던 두 아주머니 목소리도 들렸어요. 그때 머릿속이 번쩍하더군요. '아! 우리 한국 사람들은 같이 고생하는 사람들이 잘 되면 제일처럼 나서서 호응해 주는구나!'라고 느낀 것이지요."

"한국인은 힘들게 살아도 다시 일어나는 용수철 기질이 있다는 말 같아요."

"나는 〈미나리〉란 영화를 보고 한국인이 척박한 환경에서 다시 일어나는 힘이 있음을 느꼈어요. 나 자신을 보는 기분이었습니다."

"주인공과 동질감을 느꼈군요?"

"그래요. 부부갈등을 겪었고 어머니를 모시며 살았다는 점이 공통점이었어요. 농사짓기로 아비의 역할을 보여 주려고 했던 남편의 모습은 글 농사에 빠진 나 자신의 모습이었지요. 영화 〈미나리〉에 나오는 대사 '물은 어디서나 대화를 한다'를 들으면서 기억이 되살아나는 느낌이었어요. 내가 한때 도덕경에 빠져 있었잖아요."

그때 허람과 두마는 한국인의 상식을 이야기했었다. 먼저 말을 꺼낸 사람은 두마였다.

"상식에는 4가지 의미가 있는 것 같아요. 상식이 풍부하다는 말에서처럼 아는 것이 많을수록 좋다는 것이 그 첫째입니다. 둘째는 일을 처리하거나 해결할 때 주변 정황을 파악하는 능력이 상식과 관련이 있지요. 바람 부는 날 밀가루 장사하지 않고 비 오는 날 소금장사 하지 않는다는 말이 그렇지요. 그렇듯이 상식은 상황 적합력을 말해요."

그 말에 허람은 추임새를 넣어 주었다.

"맞아요. 배고픈 시대는 밥이 하나님이고 상식이지요. 그래서 박정희 시대를 인권이란 잣대 하나로만 비판하면 상식과 동떨어진 비판이 됩니다. 셋째는 뭐지요?"

"인간의 기본 도리가 상식이지요. 우리나라처럼 관계가 중시되는 나라의 상식은 해야 할 일을 할 줄 아는 능력이지요. 일반적으로 장남이나 장녀가 더 큰 의무를 감당하는 것도 이에 속해요. 넷째, 전통을 계승하거나 남의 눈을 의식해서 체면을 갖추는 것 등도 상식이지요. 혼인이나 장례를 치를 때 갖추는 예물도 상식에 맞게 하지요."

두마의 말에 한국인의 특이한 상식을 말한 사람은 허람이었다.

"경쟁 시대를 사는 한국인의 상식은 '변신을 꿈꾸는 간절한 몸부림'이라고 할 수 있어요. 몸부림에 맞는 조건을 찾으려면 3가지 질문을 할 필요가 있다고 봐요. 첫째, 나는 무엇에 간절한가? 둘째, 나는 새로울 수 있는가? 셋째 나는 용틀임할 수 있는가? 라오. 간절함은 '독한 놈이 이긴다'는 말로 그 의미가 변용되기도 해요. 새로움은 '튀는 놈이 이긴다'로 수용되기도 하지요. 용틀임은 '질긴 놈이 이긴다'로 해석될 때도 있지요. 국민 가수를 뽑을 때 이솔로몬이나 숯불 총각 김동현은 질기게 매달릴 줄 알아서 성공했다고 말하는 사람도 있지요."

두마는 용틀임이란 말에 흥미를 느낀다고 했다. 은근과 끈기라는 말보다 더 강렬하면서 지속적인 이미지가 느껴진다고 한 것이다. 그러자 허람은 용틀임을 긍정하는 말을 했다.

"우리 속담에 '쥐구멍에도 볕들 날 있다'는 말이 있잖아요. 이 말이 몸부림과 용틀임을 긍정하는 말입니다. 몸부림이나 용틀임 모두 한국인의 낙천성과 자신감을 반영해요."

그러자 두마도 한마디 했다.

"한국 사람들은 자존심이 세서 자기 처지가 남루해도 기가 죽지 않아요. 내가 어렸을 때 '쬔 쬔 쬔틀맨이다'라는 노래가 유행한 적이 있는데 그 가사가 특이해요. '넥타이 매고 가는 너만 잘났냐. 포승줄 매고 가는 나도 잘났다'는 것도 있고 '시계 차고 가는 너만 잘났냐 수갑 차고 가는 나도 잘났다'라는 것도 있지요. 요즘 그 노래를 김수미가 가끔 부른다고 합디다."

"남다른 고난을 겪고 살아서 돌아온 사람은 얼굴에 빛이 나요. 그런 사람은 몸부림 끝에 용틀임을 경험한 사람이지요. 한국인의 용틀임 기질을 니나노 기질 또는 또라이 기질이라고 부르는 사람도 있더군요. 그 이름이 뭐든 한국인은 극단에 몰려도 다시 일어나려는 기질이 강하지요. 심리학 용어로 회복탄력성이 강한 거예요."

허람은 2020년 봄 군산시 개정면 발산리에 소재한 발산초등학교 교정 뒤뜰에 서 있는 발산리 석등(보물 제234호)을 떠올렸다. 그러면서 회복탄력성에 대한 이야기를 연결시키고 싶었다.

"일본으로 반출될 뻔한 석등 중에서 유일하게 간주석에 용틀임 조각을 한 석등이 있더군요. 이 석등은 이곳에 대규모 농장을 가지고 있던 일본인 시마타니 야소야가 일본으로 갖고 가기 위해 전북 완주에 있는 석등을 자신의 농장으로 옮겨 온 것이래요."

그러자 두마가 호기심을 드러내며 물었다.

"무슨 특징이 있습디까?"

"높이 2.5m의 석등인데 통일신라 때의 작품이래요. 이 석등의 특징은 불을 켜는 화사석의 창이 사각형이 아닌, 타원형이었고 팔각으로 꾸민 화사석에는 사방에 타원형의 창을 내고, 네 곳의 기둥에 사천왕상을 조각했어요. 양각으로 조각한 사천왕상의 발밑에 사악한 무리들을 표현했다는데 오래되어서 잘 보이지 않았지요. 용틀임 간주 석등은 단순히 불을 밝히는 목적만을 갖고 있지 않은 것 같아요. 이 석등은 세상을 밝히는 의미를 지니고 있었겠지요. 원형으로 조성된 간주석 기둥에 용 조각이 있는데, 구름 속에서 요동치는 용의 비늘 조각되어 있습디다. 금방이라도 하늘로 승천을 할 것만 같은 뛰어난 조각이었습니다."

"그 조각을 보니 무슨 생각이 듭디까?"

"얼마나 기다려야 용틀임을 할 수 있는가? 라는 상상을 했지요."

"그런데 우리 전통사상에서 용은 이미지가 어때요?"

"생명 탄생의 이미지도 있고 풍요를 약속하는 이미지도 있어요. 황룡사 같은 큰 절도 용꿈을 꾸고 연못을 메워서 만들었대요. 문제는 용틀임과 몸부림은 구분하기 쉽지 않아요. 한 가지 분명한 것은 용틀임의 순간 어떤 우연이 작용해요. 그 우연이 인간의 눈으로 볼 때 우연이지만 신의 눈으로 보면 지극히 당연한 필연일지도 몰라요. 윤석열이 갑자기 등장한 것도 신의 눈으로 보면 필연이겠지요."

"조직을 운영하는 리더에 따라 몸부림을 용틀임으로 전환시키는 능력을 가진 사람이 있겠지요?"

"나는 그것을 창발성이라고 부르고 싶어요."

"예를 들어서 말해 줄 수 있나요."

"있지요. 나는 프로야구 원년 결승 경기를 관전한 사람입니다. 박철순이 투수로 나와 뛰던 장면이 지금도 눈에 선해요. 당시 나는 두산그룹 직원이었지요. 그때부터 두산의 팬이 되었어요. 나는 조직심리를 공부했기 때문에 프로야구 팀의 운용을 비교했는데 두산 베어스와 성격이 상극인 프로야구팀은 롯데 자이언츠입디다."

"두 팀의 차이는 뭐지요?"

"두산 베어스는 마케팅전략팀이고 롯데 자이언츠는 장사꾼 팀이라고 할 수 있어요. 두산은 전략 중심이고 롯데는 그때그때 맞춰서 가는 팀이란 얘기에요."

"진중권이 말한 원칙 이성과 기회 이성이 생각나는군요.

자유주의자들은 보편적이고 추상적인 기준을 따르지만, 전체주의자들은 그때 그때의 상황의 필요에 따라서 판단한다는 거죠. 보편적 합리성과 상황적 합리성의 차이로 볼 수 있겠네요."

"비슷해요. 나는 롯데그룹에서도 일해봤는데, 두산은 팀원의 전체 평균을 높이는 훈련과 원칙을 추구하고 롯데는 최동원 등 소수의 영웅에 의존해요. 두산이 코리안시리즈에 자주 진출한 것도 평범한 선수를 뛰어난 선수로 만드는 팀 문화 때문이라고 봐요. 정당 문화도 그래야 합니다. 잘난 영웅 추종하다가 찌그러지는 정당들이 지금의 정당이잖아요."

"어떤 조직이 좋은 조직입니까?"

"정답은 없어요. 어느 조직이나 완벽한 조직도 없어요. 그래서 조직도 자신이 처한 환경에 적응하는 운용방식을 개발해야 합니다. 개인도 그래요. 조직은 개인의 용틀임을 넓게 허용하는 곳과 좁게 허용하는 곳과 아예 허용하지 않는 곳이 있지요. 조직 자체가 창발성을 발휘하는 곳과 그렇지 않은 곳이 있듯이 개인도 조직에 따라 창발성이 결정돼요."

"창발성을 쉽게 말하면 어떻게 되요?"

"영어로는 이머전스(emergence)라고 하는데, 우리말로는 창조적 자발성이라고 할 수 있어요. 누가 시키지 않아도 불꽃처럼 타오르는 열정이나 아이디어라고 할 수 있지요."

"우리가 경험한 창발성이 있나요?"

"붉은 악마 출현을 생각해 보세요. 월드컵 대회 때 일반 시민들이 거리로 뛰어나왔어요. 이제까지 한 번도 없었던 일이었지요. 처음에 외국인 기자들도 '한국이 축구 정신이 있느냐?'며 우리를 비꼬았어요. 그런데 청년들이 거리를 메우자 그들도 놀랐어요. 아무거나 들고나와 두드리면서 고함을 질렀지요. 누가 시킨 것도 아닌데 자발적으로 나선 것이지요. 기적 같은 일이었어요."

곧 한국을 떠날 사이언 스미스 대사는 자신이 '조금 더 젊었을 때 한국에 왔다면 어땠을까?'라는 생각을 했다고 말했다. 한국인에 대해 남다른 이해를 하고 있다고 여긴 허람은 그동안 두마와 나눈 대화를 종합할 때 한국인은 언제, 어디서, 누가, 국민을 다스릴지 모르는 예측불허의 나라였다. 그만큼 한국인은 변화무쌍한 용틀임 기질이 강한 사람이라고 결론을 내렸다.

17

용틀임과 국가 리모델링

2022년 1월 21일 두마의 상경으로 허람은 비로소 새해를 실감할 수 있었다. 신년 점심은 〈포항 물회〉 집에서 하기로 했다. 겨울에 물회 집에서는 포항 명물 과메기도 나오기 때문이었다. 두마는 "세상이 어지럽네요"라고 하더니 말문을 열었다.

"선거가 실감나지 않아요. 이재명도 그렇고 윤후보도 지지부진해요. 윤후보를 위해 해줄 말 없나요?"

"이재명 후보에게 해주고 싶은 말에는 관심이 없나요?"

"솔직히 관심이 없어요. '다시 한번 사과드립니다'라는 말도 너무 많이 들어서 지루해요. 나는 이재명 후보에 대한 인상이 '칼을 든 앵벌이'입니다. 당당하게 표를 원하지 못하고 비굴하게 굽신거리는 거처럼 보였기 때문이지요."

"나는 지금 힘을 낼 사람이 안철수 후보라고 생각해요."

"안 후보가 하는 것 하나 없이 이삭줍기식 지지율을 얻는다고 말하는 사람도 있던데요."

"정치는 아무 것도 안 하면서 잘하는 것이 진짜 정치입니다. 놀 줄 모르는 사람이나 부지런함만 강조하는 사람이 정치하면 나라가 망해요. 한 것도 없이 반사적으로 지지율이 올랐다고 말하는 정치인은 다음 선거에서 낙선시켜야 합니다. 이제 우리 국민도 그 정도 수준에 올랐어요. 두마도 읽었겠지만『여씨춘추』「환도(圜道)」편에 거처가 없는 것이 곧 거처가 있는 것이란 말이 있어요. 정치 평론가이랍시고 방송에 나오는 사람의 95% 이상이 봉급장이 출신입니다. 사업이나 경영해 본 사람이 드물어요. 사업체를 운영해본 사람이라면 알아요. 사장이 아무것도 안 하는 것처럼 보여도 머릿속이 얼마나 복잡한지 알지요. 꼭 무슨 거처가 드러나고 움직여야만 뭘 하는 것이 아닙니다."

"정치는 허공에 구름을 잡는 허무한 작업이라고 하잖아요. 부지런한 정치를 한다면 사람을 만나서 술 먹는 것이 대종입니다. 아는 척하면서 방송에 나가 헛소리하는 일도 빠뜨릴 수 없지요. 그런 모든 일보다 정치가 무엇인지 정신을 깨우치는 슬로건 하나 거는 것이 득표에 도움이 됩니다. 지금 정부는 적폐청산을 얼마나 많이 우려먹었습니까?"

"현재까지 가장 좋은 구호라면 안철수 후보의 적폐 교대 청산 같아요. '적폐 교대 청산해야 정정당당 대한민국'이런 구호 들으면 어떤 생각이 듭니까? 불꽃처럼 상상력이 꿈틀거리지 않습니까?"

"하지만 안후보는 가위나 바위보다 보자기가 작은 것 같아요. 이번에 국민의 힘과 연대해야만 미래를 확보할 것 같아요. 김대중과 김종필이 연합해서 공동정부를 만들 때처럼 하는 거죠. 안철수는 지금 홈런보다 안타를 쳐야 해요."

"좋은 말이군요."

"잠시 화제를 돌려볼까요? 11년 전에 『안철수 대통령』이란 책을 쓸 때로 돌아가 보자는 겁니다. 그때 우리는 페이스 팝콘이 쓴 『클릭! 미래 속으로』라는 책을 자주 보고 있었고 시대의 키워드를 찾는 대화도 했지요. 그때 허람은 2010년 이후 시대의 키워드를 '창조와 조화'라고 했지요? 그런데 창조는 박근혜의 창조경제로 시도했고 조화는 문대통령의 남북 평화로 물꼬를 텄습니다. 결과는 둘 다 만족스럽지 않았지요. 지난 10년을 뭐라고 부르고 싶습니까?"

"균형을 놓친 10년이라고 봅니다. 권력을 운용하면서 에너지를 미래에 쏟은 것이 아니라 적폐청산 같은 과거에 쏟은 것이 문제였습니다. 정치나 정당이 진화하지 못해서 창조와 조화가 시들해진 것입니다."

"시들해진 창조와 조화로 나타난 문제는 무엇이었으며 앞으로 10년의 시대 키워드는 뭐가 될까요?"

"세대 갈등이 가장 큰 문제로 등장했지요. 아버지와 자식의 거리가 서로를 외계인으로 여길 정도까지 간 사람도 있지요. 앞으로 10년의 키워드는 'K-세대와 용틀임'입니다."

"지금 대선 후보 중에 기다림의 용틀임을 겪고 나선 사람은 안철수 뿐이지요?"

"그렇지요. 작년 11월 1일 대통령 출마 선언을 할 때 준비된 모습이 보였어요. '준비된 미래, 시대 교체 안철수'란 슬로건이 쌈박했어요."

"공감해요. 김종인 선대위원장은 윤석열 후보가 판단 능력이 없다고 했지요. 후보는 연기만 잘하면 된다는 말 어떻게 생각해요?"

"김 위원장 말씀은 사실이에요. 대통령이 되고 나서도 현실은 그래요."

"연출하는 사람이 따로 있다는 말이군요."

"그렇습니다. 국민들과 만나서 이야기를 할 때 보험회사 직원들이 세일즈 토크를 훈련하듯이 미리 연기 지도를 받아야 해요. 현장 경험이 없는 평론가는 대통령 될 사람은 연기만 하면 된다는 말을 국민 모독이라고 하지만, 뭘 모르고 하는 말입니다."

"저번 메일에서 나온 용틀임 이야기를 좀 더 해 볼까요?"

"나는 용틀임을 '껴안음'이라고 해석하고 싶어요. 고통을 껴안든 신념을 껴안든 수용의 자세가 넉넉한 거지요. 그런 점에서 내가 탈북민을 '통자민'이라고 불러야 한다고 제안했듯이 상식인을 '남과 통하면서 자기를 사랑하는 민주시민이란 의미에서 '통자민'으로 불러야 한다고 말하고 싶어요. 그리고 역주행곡이라는 단어 틀린 말이에요."

"오래전에 나온 노래가 죽은 줄 알았는데 갑자기 부활하는 경우 역주행했다고 하잖아요?"

"〈한계령〉, 〈가시나무〉, 〈숨어 우는 바람 소리〉, 〈보랏빛 엽서〉 같은 노래들이 그런 노래인데, 역주행이란 말은 공간을 거슬러 왔다는 의미가 있어요. 게다가 그 말은 규

칙 위반이란 의미도 있지요. 나는 그런 말 대신에 용틀임 곡이란 말을 써야 한다고 봐요. 노래가 나와서 사람들의 기억에 스미기까지 이곳저곳 거쳤다는 뜻이지요. 그런 의미에서 오랫동안 사람들의 기억에서 멀어진 구석진 땅도 용틀임하듯이 다시 부상시켜야 할 곳이 있어요."

두마는 정부가 새해에 우리나라의 소멸 지역 89곳에 집중지원하는 정책을 펼치기로 했다는 뉴스를 보았을 때 허람을 떠올렸다고 했다. 허람이 10년 전에 용틀임 얘기를 했기 때문이었다. 그때 허람은 지역통합과 세대 간의 통합을 아우르는 네트워크 지식 국가론을 펼쳤다. 그러면서 좌승희 교수가 쓴 『대한민국 성공 경제학』이란 책을 보완하는 말을 했다.

좌승희 교수는 그동안의 국가 균형발전은 한국경제의 성장잠재력을 훼손했다고 비판했다. 결과적으로 수도권 일극 체제만 심화시켰다는 것이다. 그래서 광역행정으로 시너지를 창출하는 메가시티 출현을 제안했다. 그동안의 지역균형발전 정책은 모든 지방에 n분의 1로 지원하는 배급형식이었기 때문이다. 좌 교수가 제시한 대안은 수도권, 영남권, 호남권 등 3대 권역을 초광역화하여 자치권을 부여하여 연방제에 준하는 국가경영체제를 만들자는 거였다. 그러면서 그 아이디어를 '신 삼국시대' 구상이라고 했다.

허람은 '신 삼국시대' 구상보다 더 단순하고 직접적인 구상을 말했다. 그것이 바로 용틀임 구상이었다. 그것은 남한의 중심 산골지역에 광역 지식 타운을 만들어서 수도권 단극체제를 양극체제로 만들자는 것이었다.

광역 지식타운은 충북의 옥천과 영동에서 충남의 금산 그리고 경북의 김천과 전북의 무주와 남원 그리고 경남의 거창을 하나로 아우르는 유기적이면서 통합적인 창조경제 지식 타운을 만들자는 것이다. 그렇게 해서 지식경제에 관한 한 수도권과 필적하는 새로운 극을 창출하자는 것이었다. 그럴 경우 창업이나 개발에 관련된 모든 서비스를 원스톱으로 하면서 굳이 서울에 가지 않고도 일을 해결할 수 있다고 했다.

그런 원톱 플랫폼을 만들려면 서울대학교의 한, 두 단과 대학을 과감하게 분산시키고 교육방송도 유치시켜야 한다고 했다. 김천─진주 사이에 고속철도를 낼 때 해인사 역에서 거창이나 무주로 가는 간선이나 산악철도를 만들어 대전이나 옥천과 연결시키는 방안도 얘기했다. 그러면서 그 구상을 용틀임 부국론이라고 했다. 무조건 n분의 1로 할 것이 아니라 광역 단위에서 플랫폼 단지를 만들어 방사

선 네트워크를 만들어야 한다는 이야기였다.

용틀임 지식 타운은 서해 군산의 새만금과 동해 포항 사이의 중간기지도 되고 영동에서 무주를 거쳐 합천 해인사, 경남의 진주와 사천으로 연결하여 산업유통 역할도 할 수 있다. 무주에서 장수와 남원을 거쳐 순천과 여수에 닿는 관광문화의 길도 그러안을 수 있다. 합천 해인사를 템플스테이 명소로 만들고 팔만대장경을 보여줌으로써 우리나라가 수준 높은 출판문화가 있는 지식 강국임을 알릴 수도 있다. 육아 천국의 도시, 창조 과학의 도시, 문화와 지식 공유의 도시가 하나의 생태계가 되는 플랫폼 단지를 만들자는 것이 허람의 구상이었다.

그 얘기를 상기시키자 허람은 통자민을 청바지 세대라고도 말했다. 청년 부활, 바른 생활 부활, 지역 부활을 꿈꾸는 통합의 세대가 나라를 리모델링할 때 주역으로 등장해야 한다는 것이다. 그러자 허람이 말했다.

"청바지 세대는 마음이 젊은 세대를 뭉뚱그려서 하는 말이군요?"

"맞아요. 세대별 차이보다 무서운 것이 있는데 그게 세대 내 차이라는 겁니다. 같은 나이대라도 문화 혜택이나 정보 접촉에서 천차만별의 차이가 있으니까요. 내가 말하는 청바지 세대는 같은 세대 안에서 차이를 없애는 것은 물론이고 노소를 불문하고 젊음과 활기가 충만한 세대초월의 세대지요."

"나이든 청년도 있다는 거군요. 누가 그렇지요?"

"작년 11월 5일에 한국전력공사 사장과 대한 육상연맹 회장을 지낸 박정기 님이 『웨이크 업 코리아(wake up korea)』란 책을 냈어요. 그 책 『더 높은 곳을 향하여』라는 제목 아래 '위대한 마음은 아이디어를 토론하고, 보통 마음은 사건을 토론하고, 작은 마음은 사람을 토론한다'는 말이 나와요. 상상력이 싱싱하지 않나요?"

"그렇군요. 그런데 용틀임 부국론이 시급한 이유가 뭐지요? 무슨 확실한 차별점이 있느냐는 겁니다."

"대통령 하겠다는 사람들 보세요. 하나 같이 집을 많이 짓겠다고 하잖아요. 그거 나라 망하는 길입니다. 서울과 수도권을 더 크게 해서 뭐가 좋아져요? 북한이 공격하기만 좋잖아요. 지방은 더 황폐해지잖아요. 국민 에너지를 소비와 경쟁 마인드로만 무장시키는 어리석은 짓이에요."

"용틀임 부국론은 그런 문제를 해소할 수 있나요?"

"나는 내가 제안하는 광역 지식타운은 이름을 행복광역

시로 하고 싶어요. 속도보다 내용을 중시하는 '문화와 지식 중심의 공동체'를 만들자는 겁니다. 일주일에 4일만 근무하는 시스템을 시범적으로 시행하는 곳도 바로 행복광역시입니다. 우리는 먼저 국가 리모델링 아이디어를 크게 펼치고 그 다음에 해야 할 사업을 토론하고 맨 마지막에 사람을 토론해야 합니다. 이번 대선도 국가 리모델링 아이디어를 최우선으로 따져보아야 하는데 정책이 실종한 상태라서 답답합니다."

그러자 허람이 "빈부 경쟁이 아닌 세대통합의 공동체를 만들자는 거군요" 하면서 허람이 11년 전에 쓴 『안철수 대통령』에서 제안한 4년 중임제에 대한 이야기를 꺼냈다.

"승자독식을 피하고 고비용과 저효율을 해소하기 위해 20, 30대의 투표용지 색깔을 달리해 별도 집계하여 20, 30대에서 1위를 한 후보를 자동 총리로 일을 하게 하자는 제안이 아직도 유효합니까?"

"그렇습니다. 그렇게 해야 정치인 세대교체도 쉬워진다고 했지요. 이번에 책을 쓰면서 세대화합에 대한 부분이 전보다 많이 늘어났지요. 11년 전에 책을 쓸 때 정치인들이 최소 30년 후를 내다보는 비전을 갖기를 바랐습니다.

지금은 정책이 보이지 않습니다."

"얼마 전에 유쾌지능으로 보수를 리모델링해야 한다고 했는데 이번에는 용틀임 발상으로 국가를 리모델링해야 한다는 거군요?"

"연결되는 겁니다. 좋은 자연 환경에서 서로 공감하며 사는 법을 배우면 유쾌지능이 계발되고 젊음이 살아 숨 쉬는 새로운 가치가 살아납니다. 행복광역시와 가까운 김제만 해도 증산도의 본 고장으로 K-상식을 부활시키는 에너지가 있는 곳이지요."

"새로운 가치 창출로 나라를 살리자는 뜻이군요. 마케팅에서 말보로 담배의 이미지 전환이 떠오릅니다. 원래 여성용 담배였던 브랜드를 푸른 하늘에 로프를 던지는 카우보이의 야성을 상징하는 남성용 담배로 변신시켜 성공을 했지요."

"용틀임 과정에 디테일을 바꾸는 것이 중요합니다. 그래야 스케일을 키울 수 있는 겁니다."

"용틀임을 시도하지 못하는 원인은 뭐지요?"

"과거를 정리하지 못하고 매달려 있는 겁니다. 그래서 용틀임을 하려면 과거를 가볍게 정리해야 해요. 트레일 관리를 해야 용틀임이 가능해요."

"트레일 관리에 실패한 인물의 사례는 없나요?"

"홍준표지요. 그는 경선에서 자기 과거를 충분히 털지 못했어요. 트레일러가 너무 무거웠던 겁니다. 정치 경력 26년을 강조했지만 누적된 과거 근성을 털어내지 못했지요. 안철수 후보의 경우 과거의 실패를 딛고 회복탄력성을 찾아 '나만이 이재명을 이긴다'는 도전 의지를 방방 띄웠고요."

"과거의 실패라면 서울 시장의 경선 실패를 말합니까?"

"맞아요. 하지만 그는 그 실패를 '의미있는 실패'였다고 가볍게 소화시키고 일어났어요."

"용틀임을 시도했으나 중단하거나 실패하는 경우는 무슨 문제 때문이지요?"

"용틀임을 지속하려는 자가발전 동력을 가동시켜야 해요. 영어로 그레일(grail)이라고 하는데, 성배를 찾으리라는 강력한 신념 동력이 있어야 해요."

"용틀임 단계를 순서대로 말해줄 수 있나요?"

"1단계는 과거를 정리하는 트레일(trail), 회복탄력성을 찾는 리자일(resile), 핵심 기회를 찾는 디테일(detail), 추진 동력을 일으키는 그레일(grail)로 이어져요."

"용틀임 2단계의 순서를 말해주세요."

"강한 발톱으로 새로운 가치를 움켜쥐는 것부터 시작해야 해요. 영어로 코그레일(cograil)이지요. 그러면서 스케일(scale)을 갖추는 겁니다. 그리고 나면 새로운 인생 무대로 옮아갑니다. 영어로 모바일(mobile)이지요. 그런 과정에 얼굴이 스마일(smile)로 충만해지겠지요. 그래서 용틀임 2단계는 영어 머리글자를 이어서 코스모스 인생을 사는 겁니다."

"금융계에서 스포츠계로 이동한 오지철 씨의 경우 디테일에서 스케일로 스케일에서 모바일로 용틀임했다고 볼 수 있나요?"

"맞아요. 검찰총장에서 대선 후보로 변신하여 대권에 도전하는 윤석열의 경우도 비슷하지요. 그렇듯 용틀임은 변화무쌍해요."

"다른 예도 있나요?"

"있지요."

"두 가지만 소개해 봐요."

"두 마디 대신에 두 가지군요! 내가 S전자라는 회사에 강의를 하러 간 적이 있습니다. 그때 저를 태우고 간 운전기사 인상이 강렬했어요. 인생 원칙이 분명하다는 느낌을 받았으니까요. 좌우명을 물으니 '최선을 다 하자'라고 합디다. 최선을 다 하는 방법을 물으니 자기는 매달 월급의 50%를 S전자 주식을 산다고 하더군요. 회사가 크니까 다른 회사보다 봉급이 많은데 그것을 당연하게 여기는 것이 아니라 감사하게 여기는 증거로 회사 주식을 사서 회사와 내가 한 몸이라는 것을 확인하며 산다고 하더군요. 월급날마다 주식을 사니 가격에 신경 쓸 일도 없다는 겁니다. 휴가 때 즐기는 취미를 물으니 암벽등산을 한다고 합디다. 매년 호주에 가서 큰 바위에 로프를 걸고 매달린 채 잠을 자기도 한답니다. 암벽 등반의 특징을 물으니 '실수가 없는 스포츠'라고 합디다. 실수는 곧 죽음이니까. 그 당시 그분은 10억이 넘는 주식을 소유하고 있었는데 지금 그는 상당한 부자가 되었을 겁니다."

"디테일과 스케일이 연결되어 모바일로 이어지는 그림이 보이네요. 두 번째 이야기는 뭐지요?"

"나는 순천자(順天者)는 살아남고 역천자(逆天者)는 망한다는 말을 좋아해요. 순천자존역천자망(順天者存逆天者亡)이라고 하는데 『맹자』 이루 편에 나오는 말입니다. 그래서 나는 순천 사람을 좋아해요. 내가 멘토로 모시는 순천 출신의 한승민이란 분이 있는데 사회 복지 쪽에 재단을 설립하고 싶다면서 아이템을 소개해 보라고 하더군요. 그래서 통자민을 돌보는 상담 서비스를 해주면 재입북을 줄일 뿐만 아니라 그들이 통일 이후 북한 사람들을 포용하는 사명을 자발적으로 맡을 수 있다고 했지요. 알겠다고 하면서 말년을 준비하겠다고 했어요."

두마는 "말년에 코스모스 인생이라! 좋네요!" 하더니 "이제 다양한 사람들이 통일에 관심을 갖고 꿈을 품었으면 좋겠네요"라고 하더니 다시 말을 이었다.

"용틀임 발상에서 주의할 점은 뭔가요?"

"2010년 1월에『문제는 리더다』란 책이 나왔어요. 그 책에 등장한 윤여준은『어글리 어메리칸』이라는 책을 인용하면서 동기와 방법 모두 옳아야 함을 강조해요. 동기가 선했지만 방법이 잘못되면 결과는 악행과 다르지 않다는 겁니다. 방법을 잘 선택했으면 큰 진통 없이 갈 수 있는 문제를 상식적 절차를 무시해 일이 어려워진다는 것이지요."

"동기와 과정이 어긋난 정치인이라면 누구를 들 수 있을까요?"

"이재명입니다. 이제 곧 이재명의 수난이 시작될 겁니다."

18

대동(大同)으로 가는 길

두마는 고향에 내려가기 전에 차를 한잔하고 싶다며 〈출국〉에서 만나자고 했다. 허람이 제시간에 도착하니 두마는 이미 와 있었다. 콜드 브루를 주문하고 나자 두마가 말문을 열었다.

"서울이 역시 무서운 곳이군요."

"왜 그런 말을 해요?"

"일주일도 안 되었는데 엄청난 일이 벌어졌어요. 정경심이 어제 1월 27일 대법원에서 징역 4년을 확정받았네요."

"너무 오래 끈 것 같지 않아요?"

"그렇지요. 얼마 전에 〈정치합시다〉라는 프로그램을 보니 정치평론가가 여론조사 득표율의 현황에 따른 의미를 설명합디다. 그런데 말입니다. 그 설명을 들으니 유인태가 김건희 통화 발표가 지지율 변화에 별 영향이 없다고 한 말이 생각납니다. 지금 시점에 지지율 변화가 없다는 것 자체가 큰 문제 아닙니까? 박스권에 갇힌다는 말 아닙니까?"

"정치 평론가나 유인태 모두 지지율을 온도계처럼 여기고 하는 말이에요. 여론조사 수치를 넘어 눈에 보이지 않는 민심을 포착할 수 있어야 해요."

"허람은 어떤 방식으로 민심을 보나요?"

"두 마디로 요약하면 운동장과 김밥입니다. 그런데 여당은 그 둘을 강 건너 불 보듯이 하고 있어요."

"민심은 운동장이라는 말부터 먼저 합시다. 그 뜻이 무엇인지."

"그 얘기를 하려면 이재명 후보가 '조국의 강은 넓다'라고 한 말을 이해해야 해요. 넓고 넓은 조국의 강이 기울어진 운동장을 상징하니까요."

"그게 무슨 말입니까?"

"지난해 12월 29일 이재명 후보는 '조국의 강은 안 건넌 게 아니라 못 건넜다. 건너보려고 하는데 상당히 강폭이 넓은 것 같다'고 말했지요. 자기가 조국 사태에 대해 계속 사과드리고 있는데 아직도 국민들이 못 받아들인 것 같다는 뜻으로 한 말입니다. 그러면서 '안타깝지만 조 전 장관의 잘못은 잘못이고, 검찰 수사 문제는 그것대로 또 잘못'이라고 했지요."

"조국의 잘못을 인정한다는 말이군요."

"조국 사태는 지금 또 한 사람의 조 씨인 조희연 교육감에 의해 갇혀있어요. 법치주의 바로세우기 행동연대(법세련)은 1월 21일 오후 서울 마포구 서울경찰청 반부패·공공범죄수사대 앞에서 고발인 조사 기자회견을 열었어요. 조 교육감이 대법원 판결을 기다리겠다며 조민 씨의 학생부를 발급하지 못하게 한 것은 진영 논리에 따른 궁색한 변명이라고 주장한 겁니다. 그러면서 조희연 서울시 교육감을 직권남용 및 업무방해 혐의로 서울중앙지검에 형사 고발했습니다."

"정유라 사건 때와 다르군요."

"정유라는 부정입학 의혹 제기 후 71일 만에 고교 졸업이 취소되고 중졸이 되었지요. 조민은 약 2년이 지나 대법원 판결을 받았네요. 누구는 엄격히 빠르게 처리하고 누구는 느슨하게 봐 준다는 문제가 드러나는 대목입니다. 형평성의 차이지요. 지금 우리는 이렇게 운동장이 기울어진 세상을 살고 있어요."

두마는 허람의 말을 가만히 듣고 있다가 가볍게 한숨을 쉬었다. 그러고는 기가 막히는 표정으로 말했다.

"조희연 그 사람 얼굴에 기분이 이상한 느낌이 들었어요. 구형 방독면 같은 얼굴이었지요. 철면피보다 더 질기고 뺀질뺀질한 고무 얼굴 같았지요. 그가 3선에 도전한다는 말을 듣고 왜 이러나 싶었지요. 대단한 집착이었어요. 자사고를 무리하게 없애려다가 재판에서 몇 번 패배했는데 그 비용을 세금으로 충당했다는 것도 한심해요."

두마는 가끔 두 마디 말로 허람을 놀라게 하기도 했다. 구형 방독면이란 말이 그랬다. 군대 생활을 한 사람은 그런 얼굴의 주인공이 저지르는 행동을 안다. 명백한 잘못을 저지르고도 "그게 아니고 말입니다"를 연거푸 뱉으면서 변명이나 오리발로 일관하는 행동이다. 그런 생각을 할 때 두마의 목소리가 들렸다.

"조희연이 공수처 수사의 1호 대상이라는 말을 들었는데 제대로 수사가 될지 의문이 들어요. 이렇게 기울어진 운동장에서 이재명이 '잘 해보겠으니 저를 믿고 찍어달라'는 말이 통하겠습니까?"

"아직 투표를 하기까지 시간이 충분하니까 기다려 봅시다. 얼마 지나면 우리 국민들도 대동의 길을 찾을 수 있을 겁니다."

"대동의 길이 무슨 말이에요?"

"동무 이제마 선생이 동의수세보원에서 한 말입니다."

"대동단결(大同團結)의 대동입니까?"

"대동(大同)이란 단어는 같지만, 이제마는 단결을 강조하려고 대동(大同)을 말한 것이 아니라 각립(各立)과 상대적 차이를 소개하려고 그 말을 했지요."

"각립(各立)은 또 뭐지요?"

"하늘의 메커니즘을 대동(大同)으로 보고 사람 살이를 각립(各立)으로 본 것이지요. 대동은 커다란 수평의 세계이지요. 하늘이 선인과 악인을 구분하여 빛을 주거나 비를 내려주지 않지요. 각립(各立)은 내게 주어진 땅에서 각자가 자기만의 일과 자기 방식대로의 만남과 사귐을 유지하며 나만의 모임을 즐기며 내 집을 짓고 사는 겁니다. 커다란 수평 아래 능동적인 자기 삶을 꾸리는 거지요. 우리가 대선을 치른다는 것은 각자의 삶을 큰 하늘의 원리에 기대어 자기 성찰을 하는 것입니다."

"오랜만에 양심에 귀를 기울여보는 셈이겠네요. 귀뚜라미 울음소리가 들리는지? 그런데 민심이 김밥과 비슷하다는 말은 뭐지요?"

"김밥은 옆구리부터 터집니다. 이명박근혜도 측근이 터뜨린 비리로 치명상을 입었지요."

"누가 곧 비리를 터뜨린다는 말이군요?"

"그냥 가만히 기다리면 파노라마가 펼쳐질 겁니다."

두마는 더 이상 묻지 않았다. 시계를 보니 예매한 표에 적힌 출발 시간에 한 시간 정도 여유가 있었다. 전동차를 타면 고속 터미널까지 10분이면 갈 수 있으니 지금 출발하여 터미널에서 버스를 기다려도 될 것 같았다. 하지만 두마는 그냥 헤어지기 서운해서 가벼운 질문을 했다.

"이번에 우리 국민은 자존심을 살릴 수 있을까요?"

"가능할 겁니다. 우리 근대 역사는 1862년 진주 농민항쟁 이후 줄기찬 저항으로 기적을 일구어 왔으니까요."

"진주 농민항쟁이 그렇게 엄청난 의미가 있습니까?"

"전국적인 봉기로 이어졌지요. 인터넷에 들어가 한번 찾아보시기 바랍니다. 민심의 저항은 진주 농민항쟁 이후 1894년 동학혁명을 이어졌고 1919년 삼일 운동으로 펼쳐졌습니다. 그 이후로 4·19 학생 의거, 광주 민주화 운동, 6월 민주 항쟁, 촛불 시위 등으로 발전되었지요. 한국인은 역사의 고비마다 사건의 주인공이 되면서 승리의 기쁨을 만끽한 세계 유일의 민족이지요."

"시대의 고비마다 굴렁쇠를 굴렸다는 말로 들립니다."

"맞아요. 재미있는 이야기가 있습니다. 총리를 지낸 이해찬이 한 말입니다. 그는 1919년을 기점으로 매 30년의 변화를 말했어요. 1949년, 1979년, 2009년을 주목한 거지요."

"1919년은 독립만세 사건이 일어난 해잖아요."

"그해 초 고종이 세상을 떴지요. 왕조의 종말입니다. 1949년은 백범 김구 선생이 서거했어요. 독립운동의 종말입니다. 1979년은 박정희가 시해당했어요. 중화학공업시대와 독재의 종말이었지요. 2009년은 노무현, 김대중 대통령이 서거했어요. 민주화운동의 종말입니다."

"다가올 2039년은 어떤 죽음이나 종말이 기다릴까요? 북한 체제의 종말이 있지 않을까요?"

"모르지요. 어쨌든 우리는 새로운 문명 전환기에서 판을 바꾸는 힘을 응축시켜야 해요."

"그 힘이 무슨 힘인가요?"

"K-상식이 주도하는 판상력을 갖추는 것입니다. 판을 주도하는 힘이 상식이어야 한다는 것이지요. 지금 우리는 향후 5년 동안 펼칠 상식의 주인공을 찾고 있어요."

"허람은 판상력의 주인공을 누구라고 보세요?"

"윤석열 후보입니다."

"이재명 후보는 왜 아니지요?"

"두 가지 문제가 있습니다. 첫째는 상처의 아픔입니다. 그가 낸『오직 민주주의, 꼬리를 잡아 몸통을 흔들다』를 보면 이재명이 색다른 제안을 하지요. '티비는 사랑을 싣고'라는 프로그램을 변경시켜 '티비는 웬수를 찾아서'라는 것을 하나 해보고 싶다는 겁니다. 공장 시절 자기를 때렸던 관리자들을 만나고 싶다는 겁니다. 세월이 지나 다시 싸우기도 하고 화해도 하고 싶다는 겁니다. 그때가 2014년인데, 이후보 나이가 우리 나이로 52세 였을 때였습니다. 과거의 상처에 매몰되어 있다는 생각이 들지 않습니까?"

"그렇네요. 두 번째 문제는 뭐지요?"

"자기 과장의 덫입니다. 나는 그것을 단친공노라고 해요. '단군을 친구처럼, 공무원을 노예처럼'을 네 글자로 줄인 겁니다. 대장동 사태가 터지자 자기의 업적을 단군 이래 최고의 치적으로 소개한 것을 들었는데 그때 나는 '저분은 단군을 친구로 여기는 구나!'라고 생각했습니다. 공무원을 노예처럼 부린다는 말은 과거 부하직원을 모르는 사람이라고 할 때 이상하게 여겼는데 그의 부인이 공무원에게 갑질하듯이 심부를 시킨 일을 듣자 부부는 일심동체라는 말이 생각났습니다. 이 후보는 자기 과장의 그림자가 짙은 사람입니다."

"윤석열이 판상력의 주인공인 이유는 무엇이지요?"

"첫째 기본입니다. 학생 시절 운동장을 돌라고 하면 곧이곧대로 돌았다고 하잖아요. 그런 기본이 중요해요. 두 번째는 대통령이 되면 절대 혼밥을 하지 않겠다고 했어요. 혼자서 밥을 먹지 않고 소통을 중시하겠다는 거지요. 기본과 소통 그것이 바로 상식이 되는 겁니다."

19
·······

민심의 용틀임

2022년 2월 3일 밤 8시 대선 후보 4명이 모여 토론을 했다. TV로 그 장면을 지켜보았다는 허람은 이튿날 아침 카톡을 보냈다. 그런데 제목을 엉뚱하게 달아서 글을 펼치고 있었다. 〈샌드위치 깡이 김밥인가요?〉였다. 그 제목의 글을 보자 〈김건희 통화 내역 공개 왜 중단했나요?〉라는 제목을 보냈을 때가 생각났다. 그때 허람은 정보전달과 수용 사이의 편차에 대한 이야기를 했었다.

"김건희를 쥴리라고 안개를 피운 측이 범인입니다. 쥴리2를 기대한 순진한 시청자들은 너무나도 당당한 김건희 주장에 놀라버린 거지요. 한 건 크게 했다고 여긴 MBC 측이 낚였다고 느껴서 중단했을 겁니다."

두마는 경기도청 별정직 7급으로 근무했던 제보자 A씨

가 이재명이 경기지사를 할 때 당했던 갑질을 전했다. A씨는 5급 사무관이던 배소현의 지시로 샌드위치를 구입해 수시로 이재명 자택으로 배달해야 했다는 갑질을 폭로한 것을 '김밥 옆구리 터지기'로 본 것 같았다. 사건의 비중을 따진다면 〈누가 공무원을 개새끼보다 못한 노예로 만들었나?〉라는 제목을 달 수 있을 만큼 엄청난 일이었다. 이런 사건을 접한 두마는 후보자들의 토론에 대해서 할 말이 별로 없는 것 같았다.

후보자들의 토론에 대한 이야기는 남세유허 모임에서 들을 수 있었다. 남효, 세송재, 유천, 허람이 함께하는 모임이었다. 대체적인 의견은 안철수가 잘했다는 의견이었다. 국민연금개혁을 제시하면서 4당 후보들의 동의를 끌어냈기 때문이었다. '준비된 미래'라는 슬로건을 건 사람답게 안철수가 국가의 미래를 각성시켰다는 것이다. 윤석열의 경우 토론 젬병으로 구석으로 몰아붙인 것에 비하면 선방한 셈이라고 평했다. 심상정은 관록이 붙은 정치인의 면모를 유감없이 발휘했다고 평했다.

남효는 이번 대선을 '대비상'이라고 평했다. 대세가 없고 비전이 없고 상식이 없는 선거이기 때문이라고 했다. 현재까지 드러난 지지율만으로 대세를 가늠할 수 없으며 미래 비전도 뚜렷한 근거 없이 마구 제시되고 있어서 없는 것만 못하다는 것이다. 그러면서 육사를 왜 안동으로 이전하려고 하느냐는 문제를 제기했다. 권력의 사유화를 하려는 의도인 것 같다고 했다. 그러면서 이재명의 부인인 김혜경이 공무원을 개인비서처럼 부린 것을 상식 실종이라고 했다.

세송재 형은 세상은 원래 비공정이라고 했다. 비밀 없고, 공짜 없고, 정답이 없기 때문이라고 했다. 그래서 선거일을 앞둔 마지막 7일이 운명을 가른다고 말했다. 유천은 국민의 힘이 자만에 빠지지 말고 안철수와 연대해야 한다고 주장했다. 허람은 신경생물학을 소개하며 국민들이 후보자란 상품을 구매하는 메커니즘을 말했다.

"우리의 머릿속에는 감정과 동기가 쌍둥이처럼 존재해요. 동기는 감정과 결합되어 있다는 겁니다. 모든 감정 시스템과 동기를 담당하는 뇌의 중심 영역은 대뇌 변연계입니다. 영어로 림빅시스템이라고 하지요. 림빅시스템은 안전 욕구, 체험 욕구, 권력 욕구를 조정하지요. 대선 후보를 뽑을 때 우리는 후보에게서 우리의 안전, 체험, 권력 욕구를 대입합니다."

간단한 소개를 하자 남효가 물었다.

"한 후보가 3가지 욕구를 모두 충족시킬 수 없다는 말이구먼. 이재명을 지지하는 사람들의 경우 어떤 욕구를 추구하는가?"

"새로운 자극을 찾고 싶은 체험 욕구를 충족시키고 싶어해."

"윤석열을 통해 얻고 싶은 욕구는 뭔가?"

"새로운 습관을 정착시키고 싶다는 안정 욕구라고 할 수 있지. 말이 정권 교체지, 진보정권의 불확실성을 두려워하는 거야."

"윤석열이 체험 욕구를 충족시켜주지는 못하고 있구먼."

"맞아! 이재명 지지층은 40대인데 이들은 알려지지 않은 새로운 자극을 추구하는 사람들이지."

"권력 욕구는 두 후보 다 강하다고 할 수 있겠지?"

"권력 욕구는 자부심, 승리감, 우월감을 키워주지. 우리가 비행기, 항생제, 컴퓨터 등을 사용하면서 쾌락을 누리는 것도 권력욕의 결과라고 볼 수 있지. 권력욕이 충족되지 못하면 짜증, 불안, 분노가 생겨. 윤석열은 검찰총장이 법무부 장관의 시다바리가 아니라는 분노에서 권력 동기가 생겼고 이재명은 어린 시절 시달려온 구타를 벗어나기 위해 공부를 했고 권력을 추구했지."

"이재명과 윤석열이 뿜고 있는 이미지는 다른가?"

"다르지. 이재명은 닭발이라면 윤석열은 봉발이야."

"닭발이와 봉발이의 차이가 뭔가?"

"닭발이는 가까운 적에 집착하면서 싸움을 즐기지. 봉발이는 높게 날면서 진용을 살피는 스타일이야. 닭발이를 위한 슬로건은 '매우니까 닭발이다'이고 봉발이를 위한 슬로건은 '믿으니까 봉발이다'이지. 뒷심은 봉발이가 세. 이재명은 본인이 인정했듯이 가벼운 사람인데, 그 가벼움 때문에 후반전에 이르러 급격하락할 수도 있어."

가만히 듣고만 있던 유천이 물었다.

"전에 우리가 보수 리모델링을 얘기할 때 보수가 절박하지 못한 점을 말했지요?"

"그랬지요."

"윤석열과 안철수 두 사람 모두 금수저형 인물인데 악바리 이재명과 싸우려면 두 사람이 연합하여 공동정부를 구성할 수 있을까요?"

"민심은 정권 교체를 원하고 그러기 위해 두 사람이 연합하기를 바라고 있어요. 윤석열 지지율과 안철수 지지율을 합쳐야 정권 교체 지지율에 근접하지요. 이런 지도를 앞에 두고 두 사령관이 민심을 따르느냐? 마느냐?가 이번 선거의 관건이 되지요. 개인적인 생각으로는 두 사람이 연합하여 선거 마지막 1주일 동안 공동 유세를 할 수 있는 가능성이 30% 정도 있다고 봅니다. 그 30%를 키우면 정권 교체를 하는 것이고 키우지 못하면 지는 겁니다."

남세유허 모임에서 나온 이야기를 두마에게 보내자 두마가 마지막 질문을 보냈다.

"지금까지 우리는 선후 관계로 상식을 소개하는 결론을 내렸습니다. 우리의 마지막 결론은 민심의 용틀임이라는 것을 알겠는데 그 실현 방법은 무엇인가요?"

허람은 두마의 질문에 답을 쓰기 시작했다.

"인도의 간디는 나라가 망하는 7가지 조건을 말한 바 있어요. 원칙 없는 정치, 노동 없는 부자 증가, 양심 없는 쾌락 향유, 인격 없는 교육, 도덕 없는 경제, 인간성을 상실한 과학, 희생을 모르는 종교 등이지요. 나는 간디가 말한 7가지 덕목이 리더의 자질과 연결된다고 해석해요. 그것은 원칙, 노동, 양심, 인격, 도덕, 인간성, 희생이지요. 나는 이 7가지에 한 가지를 더 첨가하고 싶어요. 그것은 민심에 대한 열린 마음이지요. 판통력의 본질은 민심 소통력입니다."

그것을 카톡으로 보내자 곧바로 회답이 왔고 온라인 상에서 간단한 대화가 이루어졌다.

"용틀임을 한국 주도형 선진국 만들기로 이해하면 되겠습니까?"

"그렇습니다. 그러기 위해 정치인은 먼저 민심을 알고 나중에 전망을 펼치는 선민후전(先民後展)을 해야 합니다. 영국의 기든스는 민주사회의 조건으로 감정의 문제를 관리해야 한다고 했어요. 삶의 정열과 의미, 가치를 제공하는 것과 서로 다른 견해 사이에 대화가 가능하게 해야 한다는 것이지요. 대통령이 되려는 사람이나 대통령이 된 사람은 민주주의 원칙을 떠올릴 때 가장 먼저 국민감정을 존중해야 합니다."

"이제 우리 글은 마지막을 맞고 있군요. 프랑스의 사진작가 앙리 카르티에 브레송이 생각납니다. 그는 '어둠의 속살을 찍은 사진사'라는 칭송을 받았지요. 지금까지 우리는 어둠의 속살을 살펴보는 여행을 한 것 같습니다. 부디 우리의 기록이 빛으로 거듭나기를 희망합니다."

다시 드리는 기도

41년 전 나는 9월이 가까워지면 몸살을 앓았다. 이번 학
기는 등록을 할 수 있을까? 봄학기를 마치자마자 아르바
이트 자리나 공사판을 기웃거리던 나는 여름이 지나가는
건들바람을 맞으면 겁부터 덜컥 났다. 향학열과 생존불안
으로 살던 그때의 나는 시간은 결국 사슬이라고 느끼고 있
었다. 그 이후 나는 오랜 세월을 시간이 사슬임을 실감하
며 바쁘게 살았다.

삶은 녹녹하지가 않다. 그런데 내가 무슨 도움이 되는
이야기를 할 수 있을까? 하지만 나는 여론조사와 마케팅
과 민심 분석을 하면서 줄기차게 시도했던 고민이 있었다.
그것은 상식에 대한 고민이었다. 그런 고민을 40년이나
지속하게 만든 힘은 나의 시대가 올 거라고 믿었던 청년

시절이었다.

"나는 지금 청년 시절에 품었던 이상을 실천하면서 살고 있는가?"

칠순을 바라보는 나는 젊은 날의 나와 샅바를 잡고 낑낑거렸다. 승부가 나지 않는 지루한 씨름이었다. 그럴 때 나는 젊은 날의 시를 꺼내 읽었다. 1981년 9월 23일 동아일보의 독자 투고란에 실린 시였다.

『9월의 노래』

베잠방이 사이로 바람은 서늘하고
아픔에 그을린 팔을 들면서
그윽한 눈으로 하늘을 본다

언제나 강한 빛으로 일어나며
끊임없이 부딪치고 무너지다가
푸르름 매미 소리 가라앉듯이
청춘의 깃발이 그림자 되어
기다랗게 돌아눕는 9월.

어김없이 다가오는 질서 앞에서
가버린 것들은 무엇이었을까
시간이란 결국
커다란 사슬이 아니던가

침묵하는 법으로 이제는 기도하면서
스스로 어린 속죄양을 거느릴 때
다스려진 정열의 아름다움….

정성으로 빚을 이름을 위해
묵혔던 일기장을 되찾아내고
하얗게 손을 씻고 거울을 본다.

* 원래의 시 가운데 일부 단어를 생략하거나 변경했음.

　　나는 아직도 시간의 사슬에서 벗어나지 못하고 있다. 이 글을 쓰면서 시간의 섭리라는 빈틈을 발견한 것이 그나마 다행스럽다. 시간의 아픔을 겪는 숱한 젊은이들이 내 글을 읽으면서 시간의 빈틈을 찾아 거울을 바라볼 수 있기를 기도한다.

　　　　　　　　　　뒷풀이 글 다시 드리는 기도

상식으로 통하는 다섯 개의 동심원

– 'K–상식'이 지배하는 세상을 위한 비전 –

강학순(경희대 미래문명연구원/특임연구원, 철학)

"나는 그린다, 고로 존재한다"

허람(저자)은 화가의 예술혼과 재능을 가지고 태어났다. 하지만 그러한 천부적 재능을 발휘할 기회를 얻을 수 없었던 그가 젊은 날에 맞닥뜨렸던 현실의 벽은 높았다. 그러한 장벽 앞에서 한때 깊은 좌절에 빠져있었으나, 결코 그는 가혹한 운명 앞에 무릎을 꿇지 않았다. 오히려 허람은 우회로를 거쳐 자신의 정신과 삶의 캔버스 위에 자신과 세상을 그려나갔다. 이 책은 저자의 자전적 스트리텔링(팩트)과 문학적 상상력(픽션)이 빚어낸 팩션(faction)에 속하는 오래된 '마음의 그림책'이다. 결국 허람은 색채로 그리는 그림 대신, 언어로 그리는 그림으로 자신의 존재 이유를 말하고 있는 셈이다.

허람이 평생 진력하고 분투해왔던 자기확장의 정신적 편력과 상식적인 세상에 대한 비전이 이 책에 담겨있다. 따라서 이것은 괴테(J.W. von Goethe)의 장편소설인 『빌헬름 마이스터의 수업시대』와 닮은 점이 있다. 왜냐하면 그것은 '교양소설'의 전범으로서 한 인간의 내적·외적 형성 과정을 폭넓은 사회적 영역 내에서 환경적 영향과 지속적으로 대결하는 가운데 추적하고 있기 때문이다. 평생을 두고 매달렸던 빌헬름 마이스터의 정신적 발전과정을 통해 괴테는 당대의 예술, 경제, 신분사회, 교육, 종교, 정치 등이 자유로운 시민적 개인의 성숙과 갖는 관련성을 폭넓게 보여주었다.

본서는 오늘날 회자되는 '표현인문학' 분야에 속하는 작품이다. 그 이유는 평생 자신의 정신과 삶의 캔버스 위에 그려온 그림들은 개인의 지성·감성·의지·활동의 살아있는 표현물들이기 때문이다. 표현인문학에서는 모든 사람은 자기 성취를 할 수 있어야 하며, 그러한 목표는 모든 사람이 자기표현을 통해 도달할 수 있다고 말한다.

이 책은 다섯 개의 동심원이 '상식'의 가치와 비전이라는 중심을 향해 돌고 있는 그림들이다. 이 그림은 자신과 세상에 대한 고정된 정태성 묘사(이데올로기)가 아니라, 중심을 향해 구심력과 원심력이 상호작용하는 '용틀임에 대한 서사(敍事)'이다.

여기서 언급된 '용틀임'이란 무엇인가? 허람은 말하길, "나는 용틀임을 '껴안음'이라고 해석하고 싶어요. 고통을 껴안든 신념을 껴안든 수용의 자세가 넉넉한 거지요. 상식인을 '남과 통하면서 자기를 사랑하는 민주시민'이란 의미에서 '통자민'으로 불러야 한다고 말하고 싶어요." 또한 용틀임이란 말은 은근과 끈기라는 말보다 더 강렬한 것으로 한국인의 낙천성과 자신감을 반영하는 의미라고 한다. 용틀임 과정의 "1단계는 과거를 정리하는 트레일(trail), 회복 탄력성을 찾는 리자일(resile), 핵심 기회를 찾는 디테일(detail), 추진 동력을 일으키는 그레일(grail)"로 본다. 이제 허람이 그려낸 다섯 가지의 동심원의 중심을 먼저 살펴보도록 하자.

동심원의 중심: 상식의 용틀임을 그리다

허람이 그려온 다섯 개의 동심원의 중심에는 상식이란 핵심가치가 있다. 상식이란 '건전한 지성'과 모든 감각에 대응하는 근원적인 감각 능력인 '공통 감각'(common sense)을 일컫는다. 그것은 정상적인 일반인이 가지고 있거나, 또는 가지고 있어야 할 일반적인 지식·이해력·판단력 및 사려분별이다. 상식이란 깊은 고찰을 하지 않고서도 극히 자명하며 사람들이 받아들일 수 있는 지식이다.

허람에게 이런 상식은 자신의 개인적 삶을 이끄는 비전이고, 동시에 공동체·지역·세상이 정향해야 할 핵심가치이고 목표이다. 결국 상식이란 진리, 자유, 평등, 평화라는 추상적 거대담론에서 나오는 것이 아니라, 일반인들이 구체적인 삶 속에서 구현되고 소통되는 살아서 숨 쉬는 가치이다.

한국의 정치영역에서도 상식이란 핵심가치를 중심으로 때 지난 경화(硬化)된 이데올로기 중심의 정치가 아니라, 오히려 생활정치를 통해 민주주의가 구현되어야 한다는 것이 저자의 지론(持論)이다. 우리는 상식의 가치를 살아내는 교양인이 중심이 되는 세상에 대한 비전을 품고 살아가야 한다. 따라서 우리는 '지금 여기'(Now & Here)에서 그런 상식의 가치에 기반하여 세상을 이끌 정치적 리더를 길러내야 한다. 허람의 상식에 대한 비전은 이러하다. "삶은 녹록하지가 않다. 그런데 내가 무슨 도움이 되는 이야기를 할 수 있을까? 하지만 나는 여론조사와 마케팅과 민심 분석을 하면서 줄기차게 시도했던 고민이 있었다. 그것은 상식에 대한 고민이었다. 그런 고민을 40년이나 지속하게 만든 힘은 나의 시대가 올 거라고 믿었던 청년 시절이었다."

허람은 상식이란 단지 이성의 산물이 아니고, 인간의 직관적 느낌이 우선시된다고 본다. 그래서 상식은 먼저 크게 느끼고, 나중에 생각을 깊이 하는 선호후사(先浩後思)의 결과물과 같은 것이다. 무엇보다 그는 '공정의 상식'이 중요하다고 본다. 공정의 조건은 참여와 기회의 공정성, 절차와 과정의 공정성, 분배의 공정성으로 본다. 이제 이런 상식의 핵심가치를 향해 돌고 있는 첫 번째 동심원의 그림을 살펴보도록 하자.

첫번째 동심원: '내면의 목소리'의 용틀임을 그리다

허람이 살아온 날은 비전 추구를 통한 자기확장의 삶이었다. "우리는 이성과 광기의 경계선 위를 달리며 살고 있어요. 전쟁 영화 씬레드처럼. 내가 상식에 관한 글을 쓰려는 것은 '사람답게 사는 길'을 찾기 위함이에요. 그 방법으로 '생각의 회로를 성찰하는 대안'을 보여주고 싶어요."

허람은 디즈니 영화 〈피노키오〉에서 귀뚜라미가 피노키

오에게 말하는 것을 인용한다. "난 네가 참과 거짓을 구분할 수 있도록 도와주는 작은 목소리란다." 귀뚜라미의 소리는 인간 내면의 목소리, 영혼의 목소리, 양심의 목소리이다. 그것은 일찍이 소크라테스가 자신의 영혼을 안내하는 '다이몬(Daimon)의 소리'다. 그러나 오늘날 사람들이 '귀뚜라미 소리 부재증후군'에 시달리고 있음을 허람은 지적한다. 이런 증후군이 생기면 양심이 흐려지고, 충동적으로 변하며, 집중시간이 짧아지며, 마음의 중심과 체계를 잘 잡지 못한다는 것이다.

허람의 젊은 날은 자기 확장 모델을 따르는 날들이었다. 자기 확장 모델에는 두 가지 핵심 원칙이 있다고 본다. 첫 번째는 인간은 자기 확장에 대한 동기가 있다는 것이고, 두 번째 원칙은 개인이 다른 사람을 자기 안에 포함시키는 친밀감을 통해 자기 확장을 한다는 것이다. 한편으로 허람은 돈과 명예를 따라가지 않고, 오히려 자신의 내면의 목소리를 따라서 모든 것의 핵심인 상식 가치의 용틀임을 그려보려는 좁고 험한 길을 치열하게 걸어왔던 것이다. 이것은 자신의 고립된 내면으로 도피하는 길이 아니라, 상식을 지닌 타인들과 소통하는 대화의 길이었다.

두번째의 동심원: 소통공동체의 용틀임을 그리다

모든 동서양의 최고 고전들은 대화록이다. 성경, 불경, 플라톤의 작품 등은 스승과 제자 그리고 제자들 사이의 대화를 기록한 이야기이다. 사색과 공부는 혼자만 하는 것이 아니라, 모름지기 함께 하는 것이다. 허람은 평생 친구(두마)와 동료이며 선후배들(남효, 원푸리, 세송제 형)과의 만남을 통해 정치적 담론을 나누고 정보를 공유하는 소통을 이어나간다.

허람이 속한 소통공동체는 대화공동체요, 서로를 확장시키는 상식의 용틀임이 소통되는 공간이다. 허람에 의하면, 증자(曾子)는 하루에 세 번씩 자신의 몸가짐을 살피고 반성한다고 했다. 다른 사람을 위해 일을 도모함에 충심을 다했는가? 친구와 사귐에 신의를 다했는가? 배운 바를 제대로 익혔는가? 이 세 가지는 현대 교양인에게도 기본이 되는 마음가짐이다. 이런 소통하며 살아가는 현실을 영국 작가인 서머셋 몸은 『면도날』이란 소설에서 이렇게 표현한다.

"사람은 자기 자신만이 아니다. 그들은 자신이 태어난 지역이며, 그들이 걸음마를 배운 도심의 아파트나 농장이며, 아이 적에 놀던 놀이이며, 그들이 어깨너머로 우연히 들은 늙은 여인네의 이야기이며, 그들이 먹은 음식이며, 그들이 다닌 학교이며, 그들이 즐겨한 운동이며, 그들이 읽은 시이며 그들이 믿는 신(神)이다."

이 책의 내용은 대부분 허람이 속한 소통공동체의 용틀임에서 이루어진 상식을 중심으로 한 개인과 세상에 대한 비전을 공유하는 집단지성의 결과물에 대한 그림이다.

세번째의 동심원: 로컬정신의 용틀임을 그리다

오늘날 로컬리티(locality)를 무시하는 글로벌화에 대항하여 '글로컬'(glocal)이란 말이 설득력을 얻고 있다. 한국적인 것이 세계적인 것이 될 수 있다면, 지방적인 것이 고유한 독립적 가치로 평가될 수 있다. 저자는 '진주정신'을 로컬정신의 예로써 가져온다. 그것은 바로 폭정과 부패에 항거하는 저항정신과 유쾌함의 지능을 반영하는 놀이문화 그리고 진주출신 삼성, 엘지, 효성 창업자의 '불가아미'기업정신을 거론한다. 이 '불가아미' 정신이란 불가능을 가능으로 만들어 아무도 가보지 않은 미래를 향해 나가는 도전정신을 뜻한다.

여기서 진주정신이란 임진 진주대첩, 진주농민항쟁, 항일의병운동, 일제 강점기 학생운동, 형평운동, 민주화시민운동 등 폭정과 불의에 항거하는 '거룩한 분노'의 감정을 중시하는 저항정신이다. 이와 함께 북평양 남진주라 일컬을 정도로 발달했던 교방 문화 및 진주 검무, 진주교방 굿거리 춤, 진주 한량무, 동편제 판소리, 진주농악, 진주오광대, 소싸움, 큰줄당기기 등의 민속문화 등이다. 진주사람들은 놀줄 아는 유력(遊歷)과 높은 유쾌지능이 있다. 이 유쾌지능이란 뇌가 발달해서 도전을 즐기고 미래를 대처하는 재주를 의미한다. 유쾌 지능의 발달은 상상력, 사교성, 유머, 즉흥성, 경이감이란 5가지 자질과 연결되어있다. 허람은 한국인에게 절실히 필요한 유력을 강조한다. "그렇군요. 맞습니다. 잘사는 나라를 만들고 싶으면 공부만 시킬 것이 아니라 놀 줄 아는 능력을 키워야 해요."

네번째의 동심원: 민심의 용틀임을 그리다

허람은 상식을 행해 돌고 있는 내면과 로컬정신 그리고 민심의 용틀임을 다시 한번 강조한다.

허람은 상식이 '나 혼자만의 생각'이 아니라 '시대의 물결'이 상식이라고 본다. 이런 점에서 그것은 민심에 대한 열린 마음이며, 정치판을 주도하는 판통력의 본질은 민심소통력이다. 허람은 한국 정치의 키워드로 세 가지를 강조하고 싶어한다. 인권 존중은 억울한 사람이 없는 세상, 민생 존중은 가난이 부끄럽지 않은 세상, 민의 존중은 뜻 있는 사람이 떳떳한 세상이다, 그러기 위해 정치인은 먼저 민심을 알고 나중에 전망을 펼치는 선민후전(先民後展)을 해야 한다고 본다.

따라서 대통령이 되려는 사람이나 그리고 대통령이 된 사람은 민주주의 원칙을 떠올릴 때 가장 먼저 "국민감정을 존중해야 한다"는 것이 허람의 일관된 입장이다. 여기서 상식의 가치를 중시하고, "상식이 지배하는 세상을 만들자!"는 슬로건을 내세운 특정 대선후보(윤석렬)에 대한 기대의 마음을 엿볼 수 있다.

다섯 번째의 동심원: 대동세상의 용틀임과 정치적 리더를 그리다

상식의 핵심가치를 중심에 두는 세상의 비전은 대동(大同)세상이다. 저자는 저러한 대동세상의 용틀임을 위한 작금의 정치적 리더십을 다음과 같이 정의한다. "K-상식이 주도하는 판상력을 갖추는 것입니다. 판을 주도하는 힘이 상식이어야 한다는 것이지요. 지금 우리는 향후 5년 동안 펼칠 상식의 주인공을 찾고 있어요."

여기서 말하는 'K-상식'이란 상식의 가치를 중시한 이
제마와 강증산 선생에게서 찾을 수 있다는 것이다. 허람은
이제마 선생의 말을 강조한다. "하늘의 메카니즘을 대동(大
同)으로 보고 사람 살이를 각립(各立)으로 본 것이지요. 대
동은 커다란 수평의 세계이지요. 하늘이 선인과 악인을 구
분하여 빛을 주거나 비를 내려주지 않지요. 각립(各立)은 내
게 주어진 땅에서 각자가 자기만의 일과 자기 방식대로의
만남과 사귐을 유지하며 나만의 모임을 즐기며 내 집을 짓
고 사는 겁니다. 커다란 수평 아래 능동적인 자기 삶을 꾸
리는 거지요."

허람은 강증산 선생의 '상생(相生)의 상식'을 전유한다.
"대립과 갈등과 원망을 풀어버리고 서로 협력하고 화합하
는 조화의 상태를 이루자는 사상이었어. 그 이야기를 들으
니 한국 고유의 상식이 세계인의 상식을 선도할 것이라는
예감이 전율처럼 오더라. 우리의 상식은 묵은 감정까지도
풀어서 미래 에너지로 쓰는 상생의 상식이다."

상식이 지배하는 세상을 위하여

허람은 결론적으로 'K-상식'을 핵심가치로 삼는 정치적
리더만이 한국의 미래를 담보할 수 있다는 것을 말하고자

한다. 이러한 허람의 정치적 비전은 진보와 보수를 넘어서는 '제3의 길'을 제시하는 것이다. 'K-상식'이야말로 개인·커뮤니티·지역사회의 상호 용틀임의 사건이 일어나게 하는 핵심가치이다. 이러한 '상생의 상식'이야말로 하늘과 땅 그리고 개인과 사회가 공존하는 대동사회를 만드는 용틀임이 될 수 있다는 것이 이 책의 결론이다.

허람은 마지막으로 「시무 7조」의 조은산의 입장을 선취하며 지지와 동감을 표한다. "나는 여전히 글을 쓴다. 상식이 지배하는 세상을 향한 열망이 아직까진 내게 남아있기 때문이다."

– 끝 –